Émotions gourmandes

Editions Latour

Pace de Rome 3 - CH 1920 Martigny
Tél. 027/722 93 44   Fax 027/722 26 65
E-mail: galerielatour@bluewin.ch

Gesetzliche Hinterlegung in der Schweiz im September 2000.

ISBN 2-940170-04-5   EAN 9782940170043

Layout und Verfassung der Rezepte
von Catherine Michel

Fotografien von Pierre-Michel Delessert

Émotions gourmandes

Frédy Girardet

Joël Robuchon, Paul Bocuse und Frédy Girardet

Frédy Girardet von Joël Robuchon

Ein Wort, das mir zu Frédy Girardet sofort einfällt, ist „Ausnahme". Doch reicht dieses so vielsagende Wort nicht aus, um diesen bemerkenswerten Mann zu beschreiben. Frédy ist in erster Linie ein treuer Freund, ein seltenes Wesen und ein einzigartiger Küchenchef.

Während seiner gesamten glänzenden Karriere war er stets ein Beispiel von Ehrlichkeit, der sich keiner Mode unterworfen hat, und dennoch ein Trendsetter ist.

Besonnen und diskret ist er über zwanzig Jahre lang dieser bewundernswerte und bewunderte Koch geblieben, der seine Kunst in Lausanne ausübt und Crissier weltberühmt gemacht hat.

Frédy, der scharfe Beobachter und fleißige Arbeiter, hat es verstanden, zuzuhören, zuzuschauen und zu verstehen, und ist damit zu einem Modell an Inspiration und Gewissenhaftigkeit geworden.

Frédy Girardet ist der größte der großen Chefs auf unserem Planeten, Autor einer intelligenten, sowohl spontanen als auch gut durchdachten Küche, die hinter einer anscheinenden Leichtigkeit die Perfektion verbirgt. Durch die absolute Harmonie von Gaumenfreuden und Texturen hat er den Kult des Produkts geschaffen, indem er auch zuweilen recht gewagte Verbindungen erfindet, die jedoch stets äußerst wohltuend sind.

Frédy bleibt bis heute „Der Koch" unseres zwanzigsten Jahrhunderts, und wenn er den Herd verlassen hat, so bleibt er dennoch ein von diesem Handwerk besessener Schwärmer, was dieses Buch beweist: ob es sich um die Erbsen-Cremesuppe mit Froschschenkeln, um den Muscheltopf in Weißwein und mit neuen Zwiebeln, die Jakobsmuschel in Schalen mit Seemuschelsaft, den Seeteufel mit Sesamkörnern, ein Curry mit Smyrna-Rosinen oder auch um eine Ananas- und Feigen-Charlotte mit Mandelmilch, die Walderdbeeren-Mousseline mit Champagner, die in Lemon angebratenen Feigen handelt... alle diese zufällig unter den folgenden Seiten gewählten Gerichte zeigen eindeutig den Reichtum seiner Küche.

Als Frédy mich gebeten hatte, ob ich das Vorwort seines Buches schreiben würde, war ich sehr geehrt, und er hat mir nur einfach gesagt: „Das ist nur ein winziger Teil der Rezepte, die zwischen 1982 und 1996 in Crissier zubereitet wurden. Ich habe sie etwas abgeändert, um sie zugänglicher zu machen, denn ich liebe es, genau wie Du, mein Wissen zu teilen und meine Kreationen in die Reichweite eines jeden zu bringen".

Bei dieser Gelegenheit habe ich hundert seiner Rezepte wiederentdeckt, ein Zeugnis für das riesige schöpferische Talent dieses unvergleichlichen Chefs, Wortführer einer reinen und unverhohlenen Küche, Abbild dieses außergewöhnlichen Mannes.

Frédy Girardet von Catherine Michel

„Ein erstaunlicher Erfolg für die Schweiz, die von der Tradition her mehr für ihr Hotelwesen als für die große Küche bekannt ist und eher Küchenchefs für Palast-Brigaden exportiert.
Die gastronomische Welt zu seinen Füssen, die Jet Society an seinem Tisch, die Weltpresse an seiner Tür...
Und in diesem großen Durcheinander des Renommees, bewahrt Frédy Girardet, wie der Candide von Voltaire, seine Ruhe und kultiviert seinen Garten, den geheimen Garten seiner Kochträume."

So beginnt das Porträt, das wir vor achtzehn Jahren für sein erstes Buch „La Cuisine spontanée" von ihm gemacht hatten. Das war im Herbst 1982, und der französische Verleger, der nicht besonders an das Buch glaubte, hatte die erste Auflage begrenzt, die dann in einer Woche vergriffen war, und die bisher 100.000 Exemplare überschritten hat, ein für ein Kochbuch erstmaliger Erfolg. Noch im letzten Jahr wurden tausend davon verkauft... siebzehn Jahre nach Verlassen der Druckerei und drei Jahre nachdem Girardet in Pension gegangen ist!

Lange Jahre, in denen sein Renommee immer größer geworden ist.

Seine an Stolz grenzende Bescheidenheit hat sich nicht abgestumpft, seine kulinarische Fantasie hat nichts von ihrer Frische verloren und sein geheimer Garten ist selbst für seine engsten Freunde unergründlich geblieben.

Also warum hat er auf dem Gipfel seines Ruhmes ein leidenschaftlich geliebtes Handwerk aufgegeben ?

Warum hat er sein Haus in Crissier, weltweite Hochburg der Gastronomie, verkauft, während er weder Gesundheits- noch Geldprobleme hatte ?

Warum bringt er sein zweites Buch erst so spät heraus ?

Warum entscheidet er sich nicht, trotz der Lust, die ihn packt, was er auch gerne zugibt, wieder zum Handwerk zurückzukehren ?

Sein geheimer Garten bleibt eben doch unergründlich.

Wir müssen uns also mit Annahmen zufrieden geben.

Und man stellt sich vor, dass er mit seinen gerade sechzig Jahren befürchtet, eines Tages seinem Traum von Perfektion nicht mehr gewachsen zu sein.

Wie dem auch sei, so hat die Welt vor vier Jahren, am 30. November 1996, ihren größten Koch verloren. Die Schlagzeilen in der Weltpresse sprachen für sich selbst.

Um in seinem Press-Book zu blättern muss man polyglott sein, die Artikel in französischer Sprache sind bei weitem nicht die meisten.

Hier einige Daten unter vielen anderen:

1975	Clé d'Or von Gault-Millau
1980	Französischer Orden für Verdienste um die Landwirtschaft
1986	Einzug in das Larousse-Lexikon und Ritter der Ehrenlegion
1987	Ritter im Orden der Künste und der Literatur
1989	Weihe zum „Koch des Jahrhunderts"
1990	Großer Internationaler Preis der Kochkunst
1994	*** im ersten Guide Michelin der Schweiz und Goldmedaille der Stadt Lausanne
1998	Vom IOK verliehener olympischer Orden

Sein Rücktritt hat in der weltweiten Küche eine Leere hinterlassen, die in absehbarer Zeit sicher nicht so schnell gefüllt werden kann. Als Trost kann man sagen, dass wenn die Schweiz heute auch das auf der Welt reichste Land an guten Tischen je Quadratmeter ist, so verdankt sie es der von Girardet während eines viertel Jahrhunderts geschaffenen Leidenschaft.

Uns bleiben die Rezepte dieses Buches, die er selbst unter hunderten seiner Kreationen ausgewählt hat, und die seine Kunden in allen diesen Jahren mit leckeren Erinnerungen begleitet haben.

März 2001

Damit Ihnen dieses Buch nützlich ist

Wie im ersten Buch von Frédy Girardet, sind die Rezepte in mehrere Abschnitte unterteilt:

Die Vorbereitung zählt alles auf, was im voraus zubereitet werden kann, beispielsweise während des Vormittags für den Abend. So wird in professionellen Küchen gearbeitet, so dass der Kunde eine viertel Stunde nach seiner Bestellung bedient werden kann.

Macht man das Gleiche zu Hause, vermeidet man die Aufregung im letzten Moment.

Die Fertigstellung beschreibt demgegenüber das, was nur im allerletzten Augenblick zu tun ist, aber im allgemeinen nur etwa zehn Minuten in Anspruch nimmt.

Wenn das Rezept ein längeres Kochen verlangt, lautet der Titel Kochen und Fertigstellung.

Was das Anrichten anbetrifft, so kann man sich davon anregen lassen, darf dabei aber nicht vergessen, dass die Gerichte, auch wenn die Augen mitessen, vor allem vom Gaumen verzehrt werden !

Das Wichtigste

Ob es sich um die tägliche Mahlzeit oder um ein Festmenü handelt, so ist ein Gericht nur dann gut, wenn die verwendeten Produkte hochwertig sind, präzise gekocht und korrekt gewürzt werden.

In diesem Sinne können die Rezepte dieses Buches alltäglich zubereitet werden.

Ob es sich um ein Fischfilet, ein Geflügel, um ein Fleischstück oder ein Wild handelt, so wird man ganz sicher in dem einen oder anderen Rezept dieses Buches finden, wie man es am besten zubereitet und wie lange man es kochen muss.

Es ist natürlich nicht erforderlich, jedes Rezept komplett zuzubereiten, außer für einen besonderen Anlass.

Was selbstverständlich ist

Wenn wir die beruflichen Ausdrücke vermieden und nicht in jedem Rezept alle nützlichen Erläuterungen wiederholt haben, so sind wir davon ausgegangen, dass Gemüse vor seiner Verwendung stets gewaschen und gegebenenfalls geschält werden muss.

Aber wir haben bei der Vorbereitung stets angegeben, wenn ein bereits geschnittenes oder gehacktes Produkt frisch gestellt und vor Luft geschützt werden muss, und diese Angaben müssen unbedingt beachtet werden.

Jetzt sind Sie am Zug

Ihnen hat das erste Buch gefallen, Ihnen sind zahlreiche Rezepte daraus gelungen, und Sie haben den Eindruck, dass diejenigen dieses Buches schwieriger sind...

Das ist gleichzeitig wahr und falsch.

Wahr, weil im Laufe der Jahre zwischen diesen beiden Büchern die Restaurantküche anspruchsvoller geworden ist, insbesondere was das Anrichten anbetrifft.

Falsch, da es sehr einfach ist, sich die Arbeit zu erleichtern, wenn man auf alle oder einige reine Dekorelemente verzichtet, die dem Gericht zwar das gewisse Etwas verleihen, für seine Harmonie jedoch nicht unerlässlich sind.

Die Rezepte dieses Buches, selbst wenn man sich auf die Haupt-Zutaten und ihre Sauce beschränkt, können die Kochleistungen der meisten Amateure weitaus verbessern. Das sollte man ausnutzen.

Catherine Michel
März 2001

Die Abbildung von Frédy Girardet seit 1975 sowie der Entwurf dieses Buches sind eine Realisierung von Julien van der Wal, VDW Genf.

Fredy
GIRARDE
Cuisi

Kalte Vorspeisen

Gänseleber-Scheibchen mit Nüssen, Korinthen und Gelee aus altem Madeira

Für 4 Personen

4 Schnitzel Gänseleber à 100 g (2 cm dick)
100 g Korinthen
50 g geschälte Haselnüsse
50 g Nusskerne
6 dl Rotwein-Gelee*
1 dl weißen Portwein
1 dl alten Madeira
Mehl, 100 g gemischten Salat
1 EL Weinessig
2 EL Erdnussöl
1 EL Nussöl
Guérande-Salz
Pfefferkörner
Salz und Pfeffer aus der Mühle

* Siehe Kapitel „Grundrezept“

Vorbereitung

1 Die Leberschnitsel am Vorabend in warmem Wasser einweichen (oder mindestens 4 Stunden) und abtropfen lassen.

2 Den Korinthen die Nüsse und Haselnüsse hinzufügen und alles grob zerkleinern.

3 Dieses Gehackte mit 0,5 dl Rotwein-Gelee mischen und würzen. Das ist die Farce der Schnitzel.

4 Portwein und Madeira in einen kleinen Topf gießen, aufkochen und dann eindicken lassen bis nur noch ein Teelöffel einer Art Konfitüre übrig bleibt. Den Rest des zuvor durch Erhitzen etwas verflüssigten Rotwein-Gelees hinzugeben, mischen, abschmecken und mit Salz und Pfeffer würzen.

Bei Raumtemperatur langsam abkühlen lassen.

5 Die Schnitzel salzen und pfeffern und in etwas Mehl wenden. Eine beschichtete Bratpfanne ohne Fett stark erhitzen und die Schnitzel auf jeder Seite 40 Sekunden anbraten. Sie auf Küchenpapier abtropfen und schnell im Kühlschrank abkühlen lassen.

6 Wenn die Schnitzel kalt aber noch nachgiebig sind, sie über die ganze Länge durchschneiden und mit der Mischung aus getrockneten Früchten und Gelee füllen. Sie wieder einen kurzen Augenblick in den Kühlschrank stellen.

7 Sobald das Gelee steif zu werden beginnt, es über die Schnitzel streichen. Dies mehrmals wiederholen bis sie gut damit überzogen sind. Wieder in den Kühlschrank stellen.

8 Den grünen Salat waschen und trocknen, ihn in einem Plastikbeutel frisch stellen.

9 Mit Essig, Salz, Pfeffer und den 2 Ölen eine Vinaigrette zubereiten.

Fertigstellung und Anrichten

1 Den gemischten Salat mit der Vinaigrette mischen.

2 Die Leberschnitzel der Breite nach in Streifen schneiden und sie gefächert auf dem Teller anrichten. Mit etwas Guérande-Salz und Pfefferkörnern bestreuen.

3 Sie mit ein wenig Salat garnieren.

4 Mit Weißbrot oder getoastetem Feinbrot servieren.

Hühnerbouillon-Gelee mit getrüffelter Gänseleber und Erbsen-Mousseline

Für 4 Personen

100 g Gänseleberpastete
40 g schwarze Trüffel
100 g ausgehülste Erbsen
(frisch oder tiefgefroren)
1 dl Creme zu 35 %
2 Blätter Gelatine
3 dl Geflügelbouillon*
Salz und weißer Pfeffer aus der Mühle

* Siehe Kapitel „Grundrezept"

Vorbereitung

1 Die Gelatine-Blätter in kaltem Wasser einweichen.

2 Die Trüffel in 2 mm kleine Würfel schneiden. Den Rest klein hacken.

3 Die Leber durch ein Sieb zu Püree streichen, mit der Trüffel vermischen und dieses Püree in 4 kleine Schälchen mit einem Durchmesser von 8 cm verteilen. Kühl stellen.

4 Für die Mousseline, die Erbsen 3 Minuten in gesalzenem kochendem Wasser garen, sie abtropfen lassen und in Eiswasser abkühlen. Wieder abtropfen lassen und sie auf einem Tuch verteilen, um sie zu trocknen.

5 Die Creme aufkochen, vom Herd nehmen, ein zwischen Ihren Händen gut ausgewrungenes Gelatine-Blatt hinzugeben, umrühren, um die Gelatine zum Schmelzen zu bringen. Wenn nötig, den Topf wieder einen Augenblick auf das Feuer stellen. Die Erbsen in die heiße Creme gießen und alles durchmixen. Würzen, dann nochmals durch ein feines Sieb streichen und etwas abkühlen lassen. Diese Erbsen-Mousseline in 4 Schälchen auf dem Stopfleber-Püree verteilen und kühl stellen.

6 3 dl Hühnerbouillon in einen kleinen Topf gießen und bei heißem Feuer zur Hälfte einkochen lassen. Das zweite zwischen Ihren Händen gut ausgewrungene Gelatine-Blatt hinzugeben. Mischen, damit sich die Gelatine auflöst und vom Feuer nehmen.

7 Die Bouillon abkühlen lassen bis sie die Konsistenz eines halbfesten Gelees hat, und die kleinen Trüffelwürfel hinzufügen.

Fertigstellung und Anrichten

1 Wenn das getrüffelte Gelee bereits steif ist, es etwas erwärmen und in den Schälchen verteilen.

2 Sofort servieren, während das Gelee noch zittert.

Kalte Forellencreme in Safrangelee mit Kaviar

Für 4 Personen

100 g Forellenfilets
60 g Kaviar (oder Lachseier)
1/4 Gurke
4 Tomaten
1 Schalotte
1 Knoblauchzehe
2 Basilikumblätter
1 Zweig Dill
3 dl Fisch-Gelee*
1,5 dl Creme zu 35 %
1 Messerspitze Safranpulver
1 TL Olivenöl
10 g Butter
Cayenne
Salz und Pfeffer aus der Mühle

* Siehe Kapitel „Grundrezepte"

Vorbereitung

1 Das Gurkenstück schälen und entkernen. In 3 mm dünne Scheiben schneiden.

2 Die Tomaten kreuzweise einschneiden, sie 15 Sekunden lang in kochendes Wasser und dann sofort in kaltes Wasser tauchen. Sie schälen und entleeren. Das Fleisch von 2 Tomaten in 3 mm dünne Scheiben schneiden. Das Fleisch der anderen beiden Tomaten grob zerhacken.

3 Knoblauch und Schalotte schälen und klein hacken.

4 Für die Tomatensauce das Öl in einem Topf erhitzen, das Knoblauch- und Schalotten-Gehackte hinzugeben und bei mittlerem Feuer schwitzen lassen, bis die Schalotte durchsichtig ist. Dann die 2 gehackten Tomaten hinzufügen und langsam einkochen lassen, von Zeit zu Zeit umrühren bis das Wasser verdampft ist.

5 Während dieser Zeit die Basilikum-Blätter fein hacken.

6 Wenn die Tomatensauce die richtige Konsistenz hat, sie kurz durchmixen, um ihre Textur zu vereinheitlichen, und das Basilikum hinzugeben. Würzen und zur Seite stellen.

7 Das Forellenfilet in 1 cm große Würfel schneiden. Mit Cayenne, Salz und Pfeffer würzen und die Würfel 20 Sekunden in 10 g heißer Butter schwitzen lassen.

8 2 TL Dillzweige klein hacken. Die Hälfte davon mit den abgetropften Forellenwürfeln vermischen (aber die Bratbutter aufbewahren) und wie auch den Rest des Dills zur Seite stellen.

9 Für die Forellencreme, 1 dl Fischgelee zur Hälfte einkochen lassen. Die Bratbutter der Forellenwürfel hinzufügen.

10 Die Creme um ein Drittel einkochen lassen, d.h. auf 1 dl. Das eingekochte Gelee hinzugeben, abschmecken, durch ein feines Sieb streichen und zugedeckt zur Seite stellen.

11 Für das Safrangelee, 2 dl Fischgelee aufkochen, das Safranpulver hinzufügen und 2 Minuten langsam kochen lassen. Würzen, durch ein feines Sieb streichen und zur Seite stellen.

Füllen der Schalen

1 Die Forellenwürfel vorsichtig mit 20 g Kaviar, 60 g Tomatenscheiben und 20 g Gurkenscheiben mischen.

2 Diese Mischung in 4 kleine Schälchen mit einem Durchmesser von 8 cm verteilen. Mit 0,5 cm Safran-Gelee überdecken (es bei Bedarf erwärmen, um es etwas zu verflüssigen), und die Schalen in den Kühlschrank stellen, damit das Gelee steif wird.

3 Eine Schicht von 1 cm Forellencreme hinzufügen und im Kühlschrank fest werden lassen.

4 Dann die Tomaten-Basilikum-Sauce verteilen und mit einer sehr dünnen Geleeschicht bedecken. Wieder kaltstellen.

5 Den Rest der Forellencreme einfüllen und bis zum Steifwerden in den Kühlschrank stellen.

6 20 g Gurkenscheiben, 20 g Tomatenscheiben und 1 TL gehackten Dill vermischen und diese Mischung auf die Schalen verteilen. Mit einer dünnen Geleeschicht (erwärmt, um es etwas zu verflüssigen) beenden und mindestens eine Stunde kühl stellen.

Anrichten
Jede Schale mit etwas Kaviar und einem Dillzweig dekorieren, dann sehr kalt servieren.

Gänseleber-Chartreuse mit Brokkoli in feinem Gelee aus edlen Körnern

Für 4 Personen

320 g Gänseleber-Pastete
100 g Brokkoli-Köpfe
3 dl klares Gelee*
1 dl grauen Pinot (Spätlese)
50 g geschälte Pistazien
20 g schwarze Trüffel
2 dl Geflügelbrühe
10 g Petersilie
60 g grüner Salat
Für die Vinaigrette
1 EL Weinessig
2 EL Erdnussöl
Salz und Pfeffer aus der Mühle

* Siehe Kapitel „Grundrezepte“

Vorbereitung

1 Den grauen Pinot zur Hälfte einkochen lassen, 3 dl Gelee hinzufügen und mischen, vom Feuer nehmen, würzen.

2 Die Brokkolis 3 Minuten in kochendem Salzwasser kochen, abtropfen lassen, mit Eiswasser kühlen und nochmals abtropfen lassen. Sie klein hacken, einige Pistazien hinzufügen und diese Farce mit etwas Pinot-Gelee binden.

3 4 kleine Schälchen mit einem Durchmesser von 8 cm unter Vermeidung von Luftblasen mit Klarsichtfolie auslegen.

4 Die Leber durch ein Sieb streichen.

5 Die Schälchen mit einer dünnen Stopfleberschicht auslegen und mit einer knapp 1 cm dicken Schicht Brokkoli-Farce überdecken. Darauf eine dünne Stopfleberschicht streichen.

6 Den Rest mit der Brokkoli-Farce füllen.

7 Mit einer Leberschicht an der Oberfläche abschließen, glatt streichen und eine Nacht in den Kühlschrank stellen.

8 Der Rest der Pistazien klein hacken.

9 Die Trüffel klein hacken und sie in einem kleinen hermetischen Behälter kalt stellen.

10 Die Petersilie klein hacken und vor Luft geschützt kalt stellen.

11 Den Salat waschen und abtropfen lassen. In einem Plastikbeutel kalt stellen. Die Vinaigrette zubereiten.

Fertigstellung

1 Das Gelee wieder etwas aufwärmen, um ihm eine halbsteife Konsistenz zu verleihen, mit der Hälfte der gehackten Pistazien vermischen.

2 Die Chartreusen auf einem Gitter ausformen und mit dem Gelee bestreichen. Diesen Arbeitsgang mehrmals wiederholen bis sie schön glänzen.

3 Die Brühe in einen kleinen Topf gießen, das Trüffel-Gehackte hinzugeben und bis zum ersten Anzeichen des Kochens erhitzen, vom Feuer nehmen, den Rest des Pistaziengelees einrühren und sofort in eine Schüssel gießen, die Petersilie und den Rest der Pistazien hinzufügen, abschmecken und auf Eis (oder im Gefrierschrank) kühlen.

4 Den Salat mit der Vinaigrette würzen.

Anrichten
1 Die Teller mit einer abgekühlten dünnen Schicht Trüffel-, Pistazien und Petersilienbrühe füllen.
2 Eine ausgeformte Chartreuse auf jedem Teller anrichten, sie einschneiden, als wenn Sie eine Scheibe abschneiden wollten. Diese Scheibe etwas nach hinten ziehen.
3 Mit einem kleinen, gewürzten Salatbüschel dekorieren.

Langustinen mit orientalischer Würze und Äpfeln

Für 4 Personen

8 große Langustinen (Größe 6/9)
1 Eigelb
20 g Sesamkörner
1 TL Curry
1 TL Mehl
1 kleiner Apfel Granny Smith
1 EL Zitronensaft
50 g grüner Salat
1/2Bouquet Kerbel
1/2 Bouquet glatte Petersilie
1 EL Weinessig
2 EL Olivenöl
1 EL geklärte Butter
Salz und Pfeffer aus der Mühle
Curry-Mayonnaise:
1 Eigelb
1 gestrichener TL Dijon-Senf
Salz, Pfeffer
1 dl Curry-Öl*
1 TL Weißweinessig
Amerikanische Sauce:
Die Schalen der Langustinen
2 Schalotten
1 kleine Karotte
1/2 Zweig Sellerie
1 kleine Knoblauchzehe
1 TL gehackten Estragon
1 EL Tomatenmark
1 EL Tomatenpüree (= geschälte, entkernte und grob gehackte Tomaten)
2 EL Olivenöl
0,5 dl weißen Portwein
1,5 dl Wasser
1 Schuss Cognac
0,5 dl Weißwein
20 g Butter
Salz und Pfeffer aus der Mühle

*Siehe Kapitel „Grundrezepte“

Anrichten
Einen Curry-Mayonnaisenspiegel im Teller anrichten.
Darauf mit einem Teelöffel eine kleine Schnur eingekochte amerikanische Sauce zeichnen.
2 Langustinen in Form eines „V“ auf jeden Teller legen.
Mit den Apfelwürfeln entlang den Rücken eine Linie bilden.
An der Spitze des „V“ einen Salatbüschel anordnen.
Mit Kerbel- und Petersilieblättchen dekorieren.

Vorbereitung

1 Die Langustinen bis auf die letzten beiden Ringe herauslösen. Sie der Länge nach etwas einschneiden, den schwarzen Darm entfernen. Mit Curry würzen und nur die Rücken sehr leicht mit Mehl bestreichen. Sie auf einen Teller legen, den Rücken mit dem Eigelb einstreichen, dann mit den Sesamkörnern bepudern. Auf einem Teller mit Klarsichtfolie überzogen kalt stellen.

2 Für die amerikanische Sauce, die Schalotten, die Karotte und den halben Zweig Sellerie in 0,5 cm große Würfel schneiden (‚Mirepoix'). 2 EL Olivenöl erhitzen, die zerkleinerten Schalen und Zangen der Langustinen hinzufügen und 3 bis 4 Minuten brutzeln lassen. Das Tomatenmark unter kräftigem Rühren, dann das ‚Mirepoix', das Tomatenpüree, die geschälte Knoblauchzehe und den Estragon hinzufügen. 2 Minuten bei Umrühren kochen lassen, dann den Portwein, das Wasser und den Wein sowie einen Schuss Cognac hinein gießen. Dann 20 Minuten langsam kochen lassen und diese Sauce durch ein feines Sieb in einen anderen Topf streichen und auf 1 dl einkochen lassen. Die Butter hinzufügen, würzen und abkühlen lassen.

3 Die Mayonnaise zubereiten. Sie je nach Bedarf mit 1 EL Essig verlängern, da sie sehr flüssig sein muss.

4 Den Apfel schälen, sein Fleisch in 3 mm große Würfel schneiden, in einen kleine Schale füllen, mit dem Zitronensaft begießen, umrühren und zur Seite stellen.

5 Den Salat, die Petersilie und den Kerbel waschen und abtropfen lassen. Die dicken Stiele der Petersilie und des Kerbels entfernen. Alles gut vermischen, nachdem Sie einige Kerbel- und Petersilieblättchen zur die Dekoration behalten haben. In einem Plastikbeutel frisch halten.

6 Mit 1 EL Essig, Salz, Pfeffer und 2 EL Olivenöl eine Vinaigrette zubereiten.

Fertigstellung

1 1 EL geklärte Butter in einer nicht haftenden Pfanne erhitzen. Die Langustinen salzen und pfeffern und sie zuerst 40 Sekunden auf dem Rücken und dann 10 Sekunden auf jeder Seite anbraten. Sie sofort auf einen Teller legen, da sich der Kochvorgang sonst fortsetzt.

2 Den Salat würzen.

Salat mit Jakobsmuscheln und Coques (kleine Seemuscheln) mit feinem Sherry-Essig

Für 4 Personen

12 frische Jakobsmuscheln
1/2 Liter Coques
200 g gemischter Salat
1/2 rote Paprikaschote
1/2 gelbe Paprikaschote
2 Mini-Porreestangen
2 EL Sherry-Essig
1 TL Soja-Sauce
1 TL Senf
5 EL Olivenöl
1/3 Bund Schnittlauch
Kerbelblätter
30 g Butter
Etwas Weintraubenkernöl
Grobes Salz
Salz und Pfeffer aus der Mühle

Vorbereitung

1 Die Jakobsmuschelnüsse aus den Schalen entfernen und mit reichlich Wasser abspülen. Sie auf einem Teller unter einer Klarsichtfolie kalt stellen.

2 Die Coques mehrmals waschen, da sie stets voller Sand sind. Sie in einem großen zugedeckten Topf mit 30 g Butter bei starker Hitze während 1 bis 2 Minuten öffnen. Den Topf dabei mehrmals schütteln. Sie abgießen und den Kochsud dabei auffangen. Dann diesen Sud durch ein feines, mit einem feuchten Seihtuch (oder einer Gaze) ausgelegtes Sieb filtern.

3 Die Coques ausschälen und sie in ihrem gefilterten Kochsud zur Seite stellen.

4 Die Körner und weißen Teile aus den Paprikaschoten entfernen und sie in ganz kleine 2 bis 3 mm große Würfel schneiden. Sie vor Luft geschützt kalt stellen.

5 Die Porreestangen waschen und zuschneiden, sie in kochendem Salzwasser etwa 3 bis 4 Minuten kochen lassen, damit sie knackig bleiben. Sie unter kaltem Wasser abkühlen. Abtropfen lassen und schräg in 2 cm dicke Abschnitte schneiden. Sie in einem kleinen hermetischen Kasten aufbewahren.

6 Den Salat waschen und abtropfen lassen, ihn in einem Plastikbeutel kalt stellen.

7 In einer Schüssel mit Senf, Essig, Salz, Pfeffer, Soja-Sauce und Olivenöl eine Vinaigrette zubereiten.

8 Den Schnittlauch fein hacken und in die Vinaigrette geben.

Fertigstellung

1 Die Coques aus ihrer Sauce nehmen und die letztere in die Vinaigrette einrühren.

2 Den Salat und die Paprikawürfel in der Vinaigrette wenden.

3 Den Salat in der Mitte von großen Tellern anrichten.

4 Darum herum abwechselnd sternförmig Porree-Abschnitte und Coques legen.

5 Eine nicht haftende Pfanne mit etwas Weintraubenkernöl sehr stark erhitzen. Die Jakobsmuschelnüsse würzen und je nach ihrer Dicke auf jeder Seite 30 bis 40 Sekunden anbraten.

Anrichten
Die Jakobsmuschelnüsse auf den Salat legen, mit einigen Tropfen Essig, einigen Salzkörnern und 2 Mühlendrehungen Pfeffer würzen.
Die Teller je nach Belieben mit den Kerbelblättchen dekorieren.

Kaninchensülze mit jungem Gemüse

Für eine Terrine von 32 x 8 cm (12 Personen)

1 kg fleischige Kaninchenschenkel und –schultern
600 g Kalbsfüße in Scheiben
250 g Stopfleberpastete
1 Liter Weißwein
300 g ‚Mirepoix' (Karotte, Zwiebel, Sellerie und Porree in 1/2 cm großen Würfeln)
1 Bund Suppengrün (Thymian, Petersilie, Lorbeer)
200 g neue Karotten
100 g neue Rüben
2 große Porreestangen
1 kleinen Petersilienstrauß
1 kleiner Korianderstrauß
1 Bund Schnittlauch
1 EL rosa Beeren
2 Blätter Gelatine (wenn nötig)
Weißweinessig
Butter
Salz und Pfeffer aus der Mühle
Sud:
200 g mageres Rinderhackfleisch
+ 1 Karotte
1 Zwiebel und 1/2 Porreeweiß, grob gehackt
+ 1 Eiweiß
und ein Zweig Estragon

Vorbereitung und Kochen

1 Die Kaninchenstücke mit einem spitzen Messer reinigen, alle kleinen Häute entfernen.

2 Die Kalbsfußscheiben in einen Topf kaltes Wasser tauchen, 3 Minuten kochen lassen, abgießen und mit kaltem Wasser kühlen.

3 Das Gemüse des ‚Mirepoix' würfeln.

4 Die Kaninchenstücke und Kalbsfußscheiben in einen großen Topf füllen, mit dem Weißwein und genügend kaltem Wasser begießen, so das sie gut bedeckt sind.

5 Zum Kochen bringen und den Schaum abschöpfen, das ‚Mirepoix' und das Suppengrün hinzufügen, salzen und pfeffern, und das Kochen bei ganz kleinem Feuer fortsetzen, bis das Kaninchenfleisch sehr zart ist und sich leicht von den Knochen ablöst.

6 Die Kaninchenstücke mit der Schöpfkelle herausnehmen und die Kalbsfüße weiterkochen lassen, die um Gelee zu ergeben, insgesamt 4 Stunden lang kochen müssen.

7 Das Kaninchen entbeinen, das Fleisch in Stücke teilen und dabei die Nerven und das Fett entfernen.

8 Den Sud durch Mischen des gehackten Fleisches, Gemüses und Estragons mit dem Eiweiß zubereiten.

9 Wenn die Kalbsfüße 4 Stunden lang gekocht haben, die Flüssigkeit durch ein feines Sieb gießen und wieder in den Topf füllen. Abkühlen lassen.

10 Den Sud in die kalte Brühe gießen und langsam zum Kochen bringen. Dann 20 Minuten bei sehr kleinem Feuer sieden lassen, die Klärung dabei von Zeit zu Zeit mit der Brühe begießen.

11 Durch ein feines, mit einem feuchten Seihtusch (oder einer Gaze) ausgelegtes Sieb gießen.

12 Die richtige Konsistenz des Gelees prüfen, indem Sie einen EL davon auf einen Teller geben, das nach 2 Minuten im Gefrierschrank steif sein muss. Ist dies nicht der Fall, es aufkochen und eventuell 1 oder 2 gut abgetrocknete Gelatineblätter untermischen und vom Feuer nehmen. Das Gelee abschmecken.

13 Die neuen Karotten und Rüben schälen, sie getrennt in kochendem Salzwasser kochen, abgießen und in 1/2 cm große Würfel schneiden.

14 Den Koriander hacken. Den Schnittlauf klein schneiden. Die Petersilie hacken.

15 Die beiden äußeren Blätter der Porreestangen entfernen. Sie Blatt für Blatt auseinander nehmen und sorgfältig waschen. Sie 3 Minuten in kochendem Salzwasser blanchieren, in kaltem Wasser abkühlen, abtropfen lassen und sie auf einem Küchentuch ausbreiten, mit einem anderen Tuch abdecken und mit der Handfläche andrücken, um sie zu trocknen und flach zu halten.

16 Die Terrine buttern und mit einer Klarsichtfolie ohne Luftblasen auslegen. Dann die Porreeblätter leicht überschneidend und auf jeder Seite überlappend einlegen. Einige zurück behalten und kalt stellen.

17 Die Leber in große Würfel schneiden, mit den Kaninchenstücken, den Karotten- und Rübenwürfeln, der gehackten Petersilie und den rosa Beeren vermischen. Salzen und pfeffern und die Mischung je nach Ihrem Geschmack mit 1 Schuss Essig abrunden.

18 Wenn das Gelee bereits steif geworden ist, es durch Erhitzen etwas verflüssigen, und mit dem Pinsel eine Geleeschicht in der ganzen Terrine, also auf den Porrees, auftragen. Bevor sie völlig steif ist, den Boden mit Koriander und Schnittlauf übersäen. Dann die Terrine mit der Mischung aus Kaninchen, Leber und Gemüse füllen und das noch nicht ganz steife Gelee darüber gießen. Dabei die Terrine auf den Tisch schlagen, damit das Gelee überall gut eindringt. Die Porrees über die Oberfläche klappen, mit einem Brett abdecken und 12 Stunden in den Kühlschrank stellen.

Anrichten
Die Terrine ausformen, mit dem Elektro-Messer 1,5 cm dicke Scheiben schneiden.
Sie mit kleinen Salaten der Saison und eventuell einer kalten Sauce nach Ihrem Geschmack anrichten und mit getoasteten Feinbrotscheiben servieren.

Entenpastete mit Pistazien

Für eine Terrine von 32 x 8 cm (12 Personen)

Füllung:
450 g Entenfleisch
450 g Schweinehals
200 g Geflügelleber
150 g Brotkrumen
75 g Schalotten
175 g Äpfel
1,5 dl Creme zu 35 %
0,7 dl Cognac
30 g Salz
3 g Pfeffer
3 g Gewürzmischung
2 EL Weintraubenkernöl
250 g dünner Speckmantel
1 Zweig Thymian und 2 Lorbeerblätter

Garnitur:
50 g geschälte Pistazien
100 g Geflügelleber
100 g Leberpastete
100 g Entenfleisch
1 EL Weintraubenkernöl
1 EL Cognac

Vorbereitung

1 Für die Farce das Entenfleisch, das Schweinefleisch und die Geflügelleber in 3 cm große Würfel schneiden.

2 Die Schalotten schälen und in Scheiben schneiden.

3 Die Äpfel schälen, in Viertel schneiden, die Herzen herausnehmen und in Scheiben schneiden.

4 Das Brot in der Creme aufweichen.

5 2 EL Öl in einer großen Pfanne erhitzen, das ganze gewürfelte Fleisch hinzufügen, mit Salz, Pfeffer und Gewürzmischung würzen und eine knappe Minute bei Umrühren kräftig anbraten, es dann in eine Schüssel füllen. Das Brot, die Creme und den Cognac hinzufügen und vermischen.

6 Das Feuer ganz klein stellen, die Pfanne aufsetzen und die Schalotten und Äpfel darin schwitzen lassen. Sie unter die Farce rühren und gut abkühlen lassen.

7 Die Farce durch einen Fleischwolf mit großen Löchern drehen und abschmecken.

8 Für die Garnitur die Geflügelleber, die Leber und das Entenfleisch in 1 cm große Würfel schneiden.

9 Die Geflügelleber und das Entenfleisch in 1 EL sehr heißem Weintraubenkernöl kurz anbraten und würzen. Vom Feuer nehmen, in eine Schüssel füllen und abkühlen lassen, bevor Sie die Leber und den Cognac hinzufügen.

Kochen

1 Den Backofen auf 150° (Th. 4) vorheizen und ein Wasserband heiß werden lassen.

2 Die Garnitur mit der Farce mischen.

3 Die Terrine mit dem Speckmantel auslegen und füllen, alles gut zusammendrücken. Mit einem Speckstreifen überdecken, einen Thymianzweig und 2 Lorbeerblätter auflegen und den Deckel schließen.

4 Die Terrine in das Wasserbad stellen und etwa eine bis anderthalb Stunden Kochzeit rechnen. Mit einem Fleischthermometer prüfen, ob die Pastete gar ist, d.h. es muss 65° anzeigen.

5 Die Terrine aus dem Wasserbad nehmen, in eine hitzebeständige Schüssel stellen und sie rasch abkühlen, indem Sie etwas kaltes Wasser in die Schüssel laufen lassen.

6 Wenn die Pastete kalt ist, sie mit einem Brett mit einem Gewicht von 1 kg abdecken und vor dem Servieren 48 Stunden in den Kühlschrank stellen.

Wildschweinpastete mit Herbsttrompeten

Für eine Terrine von 32 x 8 cm (12 Personen)

Füllung:
450 g Wildschweinfleisch
250 g Schweinehals
150 g Schweine- oder Kaninchenleber
150 g rohe Entenleber
20 g getrocknete Herbsttrompeten
1 Boskop-Apfel
3 Schalotten
1 Knoblauchzehe
1,5 de Creme zu 35 %
0,7 dl Cognac
2 EL Weintraubenkernöl
1 Ei
30 g Salz
3 g Pfeffer
3 g Gewürzmischung
250 g dünner Speckmantel
10 g Butter
1 Thymianzweig
2 Lorbeerblätter

Garnitur
140 g rohe Entenstopfleber
150 g Wildschwein (Filet)
30 g geschälte Pistazien
0,5 dl mit Cognac gemischten Portwein
1/2 TL Gewürzmischung

Vorbereitung

1 Am Vortag das für die Garnitur vorgesehene Wildschweinfilet in 1,5 cm große Würfel schneiden. Mit Salz, Pfeffer und der Gewürzmischung würzen. Die Leber in Würfel des gleichen Formats schneiden. Sie vermischen und mit 1/2 dl einer Portwein-/Cognac-Mischung übergießen. Umrühren, zudecken und bis zum nächsten Tag kaltgestellt marinieren lassen.

2 Die Herbsttrompeten in lauwarmes Wasser einweichen.

3 Für die Farce das Wildschwein, den Schweinehals und die Schweineleber in 3 cm große Würfel schneiden, mit 30 g Salz, 3 g Pfeffer und 3 g Gewürzmischung würzen. In einer großen Pfanne 2 EL Weintraubenkernöl erhitzen und das ganze eine Minute bei Umrühren auf heißem Feuer anbraten. Das Fleisch dann auf einen großen Teller oder einer Platte verteilen und abkühlen lassen. Die Pfanne mit dem Bratensud aufbewahren.

4 Den Apfel, 2 Schalotten und den Knoblauch schälen und in Scheiben schneiden. Die obige Pfanne wieder mit der Butter auf das Feuer stellen und die zerkleinerten Schalotten, den Knoblauch und den Apfel schwitzen lassen. Sie mit einer Spachtel heraus nehmen und über das Fleisch auf der Platte verteilen.

5 Die Pfanne wieder auf das Feuer stellen und mit dem Cognac durch abkratzen des Bodens ablöschen, um alle Säfte aufzufangen. Diesen Saft über das Fleisch gießen.

6 Die Leber in 3 cm große Würfel schneiden und sie den Zutaten der Farce hinzufügen, wenn diese abgekühlt sind.

7 Das Ganze durch ein feines Sieb streichen.

8 Die Pilze abtropfen lassen und abtrocknen, reinigen und grob klein schneiden. Die Hälfte der dritten Schalotte fein hacken. Eine kleine beschichtete Pfanne stark erhitzen, die Herbsttrompeten hinein geben, salzen, das Wasser ausschwitzen und fast völlig verdampfen lassen, die Schalotte und 10 g Butter hinzufügen, 2 Minuten lang umrühren und auf einem Teller abkühlen lassen.

9 Die Pilze, die Creme und das Ei der Farce hinzugeben und kräftig durchmischen.

Kochen

1 Den Backofen auf 150° (Th. 4) vorheizen und ein Wasserbad hineinstellen.

2 Die Terrine mit den Speckstreifen auslegen und an den Seiten überhängen lassen.

3 Die Hälfte der Füllung einfüllen und mit einer kleinen Spachtel kräftig zusammendrücken.

4 Darauf die Zutaten der Garnitur verteilen und schließlich den Rest der Farce einfüllen.

5 Die Speckstreifen über die Farce klappen, 1 Thymianzweig und 2 Lorbeerblätter darauf legen. Den Deckel schließen und die Terrine in das Wasserbad stellen.

6 Etwa eine bis anderthalb Stunden garen lassen. Mit einem Fleischthermometer prüfen, ob die Pastete gar ist, d.h. es muss 65° anzeigen.

7 Dann den Deckel abnehmen, die Terrine in einer Schüssel mit etwas kaltem Wasser rasch abkühlen. Dann auf den Speckmantel ein in Klarsichtfolie eingewickeltes Brett und 1 Gewicht von 1 kg legen. Vor dem Ausformen 2 Tage in den Kühlschrank stellen.

Bretonische Hummermayonnaise mit grünen Spargelspitzen und mit Agretto de Vino Santo gewürztem Saft

Für 4 Personen

2 bretonische Hummer à 500 g
32 feine grüne Spargel
70 g knackigen Salat
4 bis 5 EL Nussöl
2 EL Agretto de Vino Santo (oder einen ausgezeichneten Weißweinessig)
1 dl Weintraubenkernöl
1 Eigelb
1/2 TL starken Senf
1 gestrichenen EL gehackten Kerbel
1 gestrichenen EL gehackte Petersilie
1/2 Zitronensaft
Salz und Pfeffer aus der Mühle

Vorbereitung

1 Die Hummer in einen großen Topf mit kochendem Salzwasser geben, 2 Minuten aufkochen lassen und abgießen. Die Hummer abkühlen lassen, die Zangen und dann die Füße abnehmen. Den Kopf vom Körper trennen und die Koralle entfernen. Die Zangen leeren. Den Darm aus den Schwänzen entfernen und sie in jeweils 10 Scheiben schneiden. Das gesamte Fleisch auf einem mit Klarsichtfolie geschützten Teller zur Seite stellen.

2 Die Spargel waschen, die Spitzen 4 cm schräg abschneiden und 2 bis 3 Minuten in kochendem Salzwasser garen, so dass sie noch etwa Biss haben. Sie abkühlen und auf einem mit Klarsichtfolie geschützten Teller zur Seite stellen.

3 Von dem was von den Spargeln übrig ist, die nächsten 4 cm abschneiden, sie in möglichst wenig kochendem Salzwasser garen bis sie schön weich sind. Sie abtropfen und abkühlen lassen. Ihr Kochwasser aufbewahren, um eventuell die Mayonnaise zu verlängern. Die Spargelstücke im Mixer zu feinem Püree verrühren.

4 Petersilie und Kerbel hacken.

5 Die grüne Mayonnaise anrühren. Dazu ein Eigelb zunächst mit 1 dl Weintraubenkernöl, dann mit 3 EL Spargelpüree und nur wenn es nötig ist mit 1 bis 2 EL Spargelkochwasser vermischen, um eine überziehende und leichte Mayonnaise zu erhalten. Würzen und Petersilie und Kerbel hinzufügen.

6 Mit dem Senf, Salz, Pfeffer, Agretto de Vino Santo und Nussöl eine Vinaigrette zubereiten. Die Hummerscheiben und –zangen, die Spargelspitzen und den Salat darin wenden.

Anrichten

Auf jeden Teller mit einem Suppenlöffel mit einer kreisenden Bewegung etwas grüne Mayonnaise verteilen.

Darauf 5 Hummerscheiben, eine Zange, einen Salatbüschel in der Mitte und 8 abgespreizte Spargelspitzen verteilen. Man kann jeden Teller auch mit der Hälfte eines Hummerkopfes dekorieren.

Leckere Erbsencreme mit Froschschenkeln und Kaviar

Für 4 Personen

6 Dutzend Froschschenkel
100 g tiefgefrorene extra-feine Erbsen
1,5 dl Creme zu 35 %
60 g Kaviar
1 dl süßer Weißwein
1 dl trockener Weißwein
0,5 dl weißes Gelee*
1 Bund Suppenkraut (Thymian, Petersilie, Lorbeer)
50 g Butter
1 große Schalotte
2 Kerbelzweige
Salz und Pfeffer aus der Mühle

*Siehe Kapitel „Grundrezepte“

Vorbereitung

1 Das weiße Gelee zubereiten und 1/2 dl entnehmen.

2 Die Froschschenkel entbeinen. Dazu einfach mit einem Messer auf beiden Seiten an den Knochen entlang fahren. Das Fleisch der Schenkel und der Waden trennen. Es getrennt eine Minute in Butter schwitzen lassen, würzen und stets getrennt zur Seite stellen.

3 Für das Froschgelee: die Schalotte fein hacken und mit allen Froschknochen in Butter schwitzen lassen, dann 2 dl Wasser und die Weine hinzufügen, aufkochen lassen, dabei den Schaum abschöpfen, und auf kleinem Feuer 20 Minuten garen.

4 Die Hälfte des weißen Gelees hinzufügen, würzen und durch ein feines, mit einem feuchten Seihtuch (oder einer Gaze) ausgelegtes Sieb streichen. Auf Eis abkühlen lassen.

5 Für die Erbsencreme die Creme in einen Topf gießen, die Erbsen hinzufügen und 3 Minuten kochen lassen. Den Rest des Gelees hinzufügen, durchmixen, durch ein feines Sieb streichen und auf Eis abkühlen lassen.

Fertigstellung

1 Das Fleisch der Froschschenkel in 4 Schälchen mit einem Durchmesser von 8 cm verteilen.

2 Das Froschgelee aufwärmen, mit 20 g Kaviar vermischen, auf die Schenkel verteilen und im Kühlschrank steif werden lassen.

3 Mit der Erbsencreme überdecken und im Kühlen steif werden lassen.

4 Den Rest des Gelees erwärmen. Die Oberfläche der Schalen mit den Froschwaden garnieren, mit einer dünnen Geleeschicht überdecken und nochmals in den Kühlschrank stellen.

Anrichten
Jede Schale mit 3 Kerbelzweigen und 3 kleinen, mit einem Mokkalöffel geformten Kaviarklösschen sternförmig garnieren.
Sehr kühl servieren.

Langustinen mit neuem Porree

Für 4 Personen

12 Langustinen (Größe 9/12)
4 Stangen neuen Porree
1 kleines rotes Vogelpiment
24 Blumenkohlröschen
1 Messerspitze Safranpulver
1 Eigelb
1 TL starker Senf
0,5 dl + 4 EL Olivenöl
1/2 dl Sonnenblumenöl
4 EL Weißweinessig
1 EL Schlagsahne
1/4 Zitrone
Einige Kerbelzweige
Salz und Pfeffer aus der Mühle

Vorbereitung

1 Die Schwänze von den Köpfen trennen und sie bis auf die beiden letzten Ringe ausschälen. Den schwarzen Darm entfernen und sie auf einem mit Klarsichtfolie geschützten Teller in den Kühlschrank stellen.

2 Die äußeren Blätter und die Hälfte des grünen Teils der Porreestangen entfernen. Den Rest des grünen Teile in ganz kleine 2 mm breite Streifen schneiden.

3 Das Weiße der Porreestangen 3 bis 5 Minuten in Salzwasser blanchieren, abkühlen, abtropfen lassen und sie schräg in 2 cm lange Abschnitte schneiden. Zur Seite stellen.

4 In einem kleinen Topf 1 EL Olivenöl mit einer Messerspitze Safran erhitzen. Die Blumenkohlröschen 2 Minuten darin schwitzen lassen. Dann mit 2 EL Weißweinessig und 2 EL Wasser ablöschen, salzen und einige Minuten weiterkochen lassen, so dass der Blumenkohl noch etwas knackig bleibt. Abgießen und zur Seite stellen.

5 Die Pimentschote öffnen und sorgfältig alle Körner entfernen. Sehr fein hacken.

6 Mit 1 Eigelb, Salz und Pfeffer, dem Senf, 1/2 dl Olivenöl, 1/2 dl Sonnenblumenöl eine Mayonnaise anrühren und mit 1 EL Weißweinessig verlängern. Die grünen Porreestreifen und je nach Geschmack den gehackten Piment ganz oder teilweise hinzufügen.

7 Mit einem EL Essig, Salz, Pfeffer und 2 EL Olivenöl eine kleine Vinaigrette anrühren.

Fertigstellung

1 Die Porreeabschnitte in der Vinaigrette wenden, um sie zu würzen.

2 Die Mayonnaise mit 1 EL Schlagsahne verlängern. Abschmecken und wenn nötig einige Tropfen Zitronensaft hinzugeben.

3 Die Langustinenschwänze würzen und kurz in der Pfanne in 1 EL sehr heißem Olivenöl anbraten, vor allem nicht länger als 20 Sekunden auf jeder Seite. Sie auf Küchenpapier abtropfen lassen.

Anrichten
In der Mitte der Teller einen Mayonnaisenspiegel anordnen (es wird etwas übrig bleiben, aber es ist schwierig, weniger zuzubereiten) und 3 Langustinen kreuzförmig mit nach außen gerichtetem Schwanz darauf verteilen. Die Langustinen abwechselnd mit Porreeabschnitten und Blumenkohlröschen umgeben. Mit einigen Kerbelzweigen dekorieren.

Warme Vorspeisen

Entenleberschnitzel mit grünen Linsen und Sellerie, Nussöl-Vinaigrette

Für 4 Personen

4 Entenleberschnitzel à 100 g (2 cm dick)
500 g Sellerieknolle
100 g gekochte Rote Bete
1 Zitrone
1 Orange
50 g Kräutermischung
1 dl Haselnussöl
1/2 dl Agretto de Vino Santo (oder einen ausgezeichneten Weißweinessig)
50 g Zucker
20 g Butter
Mehl
1 Zitrone
4 Kerbelzweige
Salz und Pfeffer aus der Mühle

Linsen:
Siehe in diesem gleichen Kapitel „Leckeres Leberragout mit Linsen“ und teilen Sie die Zutaten durch zwei.

Vorbereitung

1 Den Sellerie schälen, in 1/2 cm dicke Scheiben schneiden und in Salzwasser mit etwas Zitronensaft garen.
Diese Scheiben dann in 12 Dreiecke von 2 cm schneiden. Zur Seite stellen.

2 Die Orange unter heißem Wasser abbürsten und abtrocknen. Sie dann schälen und den ganzen weißen unter der Schale sorgfältig entfernen. Den Wert von etwa 1 EL der Schale in 5 cm lange und 1 mm Breite Streifen schneiden. Sie in ein Sieb geben, 30 Sekunden in kochendes Wasser tauchen und abtropfen lassen.

3 In einem kleinen Topf mit 50 g Zucker und 0,5 dl Wasser einen Sirup zubereiten. Die Schalenstreifen darin 3 Minuten aufkochen und abtropfen lassen. Zur Seite stellen.

4 Mit dem Essig, Salz, Pfeffer und Nussöl eine Vinaigrette anrühren.

5 Ein Stück der gekochten Roten Bete schälen und in feine, 2 cm lange Streifen schneiden. In eine kleine Schale geben und mit einem Teil der Vinaigrette würzen. Zur Seite stellen.

6 Die feinen Kräuter waschen, abtrocknen und in einem Plastikbeutel frisch halten. Den Kerbel abpflücken und ebenfalls frisch und vor Luft geschützt aufbewahren.

7 Die grünen Linsen kochen.

Fertigstellung

1 Die Linsen abtropfen lassen und in der Vinaigrette wenden. Sie dann in der Mitte der Teller anrichten.

2 Die Leberschnitzel würzen und in etwas Mehr umdrehen.

3 Eine nicht haftende Pfanne sehr stark erhitzen und die Schnitzel 40 Sekunden lang auf jeder Seite anbraten. Sie auf einem Küchenpapier abtropfen lassen.

4 Gleichzeitig die Sellerie-Dreiecke aufwärmen und in Butter schmoren, würzen.

5 Die Kräutermischung in der Vinaigrette wenden.

Anrichten
Die Schnitzel auf den Linsensalat und auf jedes Schnitzel 3 Sellerie-Dreiecke legen.
Um sie herum Streifen der roten Bete wie Radspeichen anordnen.
Daneben einen kleinen Strauss gewürzter Kräuter anrichten.
Mit Orangenschalen-Julienne und Kerbelbüscheln dekorieren.

Kaninchen-Risotto mit wilden Spargeln

Für 4 Personen

6 Kaninchennieren
300 g Kaninchenleber
12 dünne grüne Spargel
1 Schalotte
3 kleine EL brauner Kalbsfond*
1 EL Weißwein
1 EL Weintraubenkernöl
20 g Butter
20 g echten, geraspelten Parmesan
Glatte Petersilie und Kerbel
Risotto:
250 g Reis
1 Zwiebel
Ca. 7,5 dl Geflügelbrühe*
50 g Butter
50 g echten, frisch geraspelten Parmesan
Ca. 1 dl Creme zu 35 %
Salz und Pfeffer aus der Mühle

* Siehe Kapitel „Grundrezepte".

Vorbereitung

1 Die Spargel um 7 cm verkürzen, sie 3 bis 4 Minuten in kochendem Salzwasser garen, abschrecken und abtropfen lassen.

2 Die Kaninchenleber würfeln. Die Nieren schälen und in zwei Teile schneiden. Sie auf einem mit Klarsichtfolie geschütztem Teller kühl stellen.

3 Die Schalotte schälen und hacken, kühl und vor Luft geschützt aufbewahren.

4 Die Zwiebel schälen und hacken, ebenfalls kühl und vor Luft geschützt aufbewahren.

5 Petersilie und Kerbel abpflücken und in gleicher Weise zur Seite stellen.

Kochen

1 Für den Risotto die Butter in einem Topf schmelzen lassen, die gehackte Zwiebel hinzu geben und schwitzen lassen, bis sie glasig ist. Den Reis hinzugeben und einige Minuten umrühren, damit alle Körner schön glasig werden. Dann einen Teil der Brühe eingiessen und weiter garen. Umrühren und jedes Mal wenn nötig Brühe hinzufügen, um die Verdampfung auszugleichen. Ein Reiskorn nach einer viertel Stunde probieren und bis zum Garwerden „al dente" weiterkochen lassen.

2 Dann mehr oder weniger Creme und Parmesan hinzugeben, je nach Konsistenz des Risottos, umrühren, probieren und würzen.

3 Wenn der Risotto gar ist, die Spargelspitzen in etwas Butter wenden.

4 1 EL Weintraubenkernöl in einer Pfanne erhitzen und die Kaninchennieren und –Leber würzen und 30 Sekunden kräftig anbraten, die gehackte Schalotte hinzufügen und noch 30 Sekunden garen lassen. Dann alles auf einen Teller geben und die Pfanne nicht reinigen.

5 Für den Saft das Fett aus der Pfanne weggießen, den Boden mit 2 EL Wasser abkratzen, den Wein und den Kalbsfond eingießen, aufkochen lassen und würzen. Die Pfanne vom Feuer nehmen.

Anrichten
Den Risotto in der Mitte der Teller anrichten, die Innereien kuppelförmig darauf anordnen, mit 3 Spargeln, einigen Parmesanspänen, Kerbel- und Petersilienblättern dekorieren. Mit einigen Tropfen Saft beträufeln. Den Rest des Safts getrennt servieren.

Warme Belon-Austern in Champagner mit Kompott aus neuen Zwiebeln und Kaviar

Vorbereitung

1 Die neuen Zwiebeln schälen und schräg in 1 cm große Abschnitte schneiden (einschl. Stiele).

2 Die Paprikaschoten abschälen, öffnen, die Körner und weißen Teile entfernen, in 1 cm breite Streifen schneiden, alles was nicht flach ist entfernen und diese Streifen in 1 cm große Rauten schneiden. Sie getrennt 1 Minute in kochendem Salzwasser blanchieren und abtropfen lassen.

3 Die Austern öffnen und ihr Wasser in einen kleinen Topf filtern. Den Champagner hinzufügen und einkochen lassen, bis nur noch 4 EL Flüssigkeit übrig bleiben.

Fertigstellung

1 Die Zwiebelabschnitte in 10 g Butter schwitzen lassen, 1 EL Wasser hinzugeben, eine Minute garen lassen, die roten und gelben Paprika-Rauten beifügen und würzen.

2 Den Champagnersud bis kurz vor dem Kochen erwärmen, vom Feuer nehmen und die Austern 30 Sekunden darin eintauchen bis sie gerade warm sind. Sie mit der Schöpfkelle herausnehmen.

3 Dem Champagnersud den EL Creme hinzufügen, aufkochen lassen und die Sauce mit einem kleinen Schläger mit der Butter anrühren. Salz, Pfeffer und Cayenne hinzufügen.

Für 4 Personen

12 große Belon-Austern (Format 000)
20 g Kaviar
2 Lauchzwiebeln
1 kleine fleischige gelbe Paprikaschote
1 kleine fleischige rote Paprikaschote
1 dl Champagner
1 kleine Schalotte
1 EL Creme zu 35 %
80 g Butter
Kerbel
Cayenne
Salz und Pfeffer aus der Mühle

Anrichten
Die Austern auf vorgewärmten Tellern mit jeweils einem TL Zwiebelkompott und Paprika zwischen ihnen anrichten.
Die Sauce über die Austern geben und jeweils mit einer Messerspitze Kaviar und Kerbel dekorieren.

Gedünstete Muscheln mit Weißwein und neuen Zwiebeln

Für 4 Personen

2 Liter kleine Bouchot-Muscheln
300 g Palourdes
12 Lauchzwiebeln
2 Schalotten
30 g glatte Petersilie
2 Kerbelzweige
2 dl Weißwein
2 Thymianzweige
130 g Butter
Pfeffer aus der Mühle
Kammmuschel-Spießchen:
32 ausgelöste Kammmuscheln
100 g Sesamkörner
1 Eigelb
1 EL geklärte Butter
Salz und Pfeffer aus der Mühle

Vorbereitung

1 Die neuen Zwiebeln schälen und sie einschl. der Stiele in feine Streifen schneiden.

2 Die Muscheln und Palourdes unter kaltem Wasser bürsten, sie mehrmals waschen und abtropfen lassen.

3 Die Schalotten schälen und klein hacken, sie vor Luft geschützt kühl stellen.

4 Die Petersilie hacken und vor Luft geschützt kühl stellen. Den Kerbel abblättern und in gleicher Weise aufbewahren.

5 Die Kammuscheln würzen, in Eigelb wenden und mit den Sesamkörnern panieren. Jeweils 4 Stück auf 8 Zahnstocher stecken und auf einem mit Klarsichtfolie geschütztem Teller kühl stellen.

Fertigstellung

1 Die gehackten Schalotten mit 30 g Butter in einen großen und breiten Topf geben, auf mittlerem Feuer glasig werden lassen. Das Feuer größer stellen, die Muscheln und den Thymian hinzugeben, die Hälfte des Weins eingießen, einige Mühlendrehungen pfeffern und zudecken. Den Topf ein bis zwei Mal 2 bis 3 Minuten lang durchschütteln, dann sind die Muscheln normalerweise offen. Sie abtropfen lassen und den Muschelsud in einen kleinen Topf filtern.

2 Die Palourdes wie die Muscheln mit dem Rest des Weins öffnen. Abtropfen lassen, den Sud filtern und demjenigen der anderen Muscheln hinzufügen.

3 Den Muschelsud auf 1 dl einkochen lassen und mit 100 g Butter mit einem kleinen Schneebesen binden. Vom Feuer nehmen, sobald die Butter absorbiert ist. Abschmecken und die gehackten Zwiebeln hinzugeben.

4 Die Hälfte der Muscheln auslösen. Die Palourdes offen aber ganz lassen.

5 Die Palourde-Spiesschen etwa anderthalb Minuten in geklärter Butter bräunen bis sie schön gold gefärbt sind.

Anrichten
Die Muscheln in vorgewärmten Suppentellern verteilen, die Palourdes drauflegen. Mit der Buttersauce übergießen, mit gehackter Petersilie überstreuen und jeden Teller mit 2 Spießchen und Kerbel dekorieren. Sofort servieren.

„Boulangère" mit Entenleber und Meerrettich

Für 4 Personen

4 Entenleberschnitzel à 100 g
(2 cm dick)
100 g Meerrettichwurzeln
400 g Charlotte-Kartoffeln (oval und schön regelmäßig)
1 neue Zwiebel
1 dl Geflügelbrühe*
1 dl brauner Kalbsfond*
0,5 dl Sherry-Essig
3 EL geklärte Butter
Mehl
Salz und Pfeffer aus der Mühle

* Siehe Kapitel „Grundrezepte"

Vorbereitung

1 Die Meerrettichwurzel schälen. Einerseits 10 lange, 2 mm dicke Lamellen abschneiden und in 1 mm breite Streifen schneiden. Diese Julienne vor Luft geschützt kühl stellen.

2 Andererseits den Rest des Wurzelstücks reiben und 5 Minuten in 2 EL Wasser, 1 dl Geflügelbrühe und 1 dl braunen Kalbsfond garen lassen. Dann kräftig durch ein feines Sieb drücken, um so viel Saft wie möglich aufzufangen. In einen kleinen Topf gießen, den Essig hinzufügen und bis auf 3 EL Flüssigkeit einkochen lassen. Würzen und zur Seite stellen.

3 Die neue Zwiebel schälen. Den weißen Teil in sehr dünne Halbscheiben schneiden und in einer kleinen hermetisch schließenden Schale kühl stellen. Die Stiele fein schneiden und ebenfalls vor Luft geschützt kühl stellen.

4 Die Kartoffeln schälen. Sie in 2 mm dicke Scheiben raspeln. Wenn Sie nicht sofort weiterkochen, sie in kaltem Wasser aufbewahren.

Fertigstellung

1 Die Kartoffeln mit den Händen aus dem Wasser nehmen, damit die von ihnen abgegebene Stärke im Wasser bleibt, und sorgfältig abtrocknen.

2 2 EL geklärte Butter in einer Pfanne erhitzen und die Kartoffeln braten, bis sie schön knusprig und goldbraun sind, die Zwiebelscheiben hinzufügen, eine Minute lang vorsichtig umrühren und würzen.

3 Die Leberschnitzel würzen und in etwas Mehl umdrehen. Eine beschichtete Pfanne sehr heiß werden lassen, die Schnitzel 40 Sekunden auf jeder Seite anbraten und auf Küchenpapier abtropfen lassen.

4 Gleichzeitig die Meerrettich-Julienne eine Minute in 1 EL heißer geklärter Butter anbraten und abtropfen lassen.

5 Den Meerrettichsaft erwärmen.

Anrichten
Die Kartoffeln in der Mitte der vorgewärmten Teller verteilen, das Schnitzel drauflegen und mit etwas Meerrettichsaft beträufeln, mit den Streifen der Zwiebelstiele und der Meerrettich-Julienne dekorien.

Getrüffelte grüne Spargelcreme mit Flusskrebsschwänzen

Vorbereitung

1 Die Flusskrebse in einen großen Topf kochendes Wasser tauchen, 30 Sekunden aufkochen und abtropfen lassen. Die Schwänze auslösen, den schwarzen Darm entfernen. Sie bei Raumtemperatur auf einem mit Klarsichtfolie geschützten Teller zur Seite stellen. (Die Schalen im Gefrierschrank aufbewahren. Wenn eine ausreichende Menge davon vorhanden ist, können Sie eine Bisque davon zubereiten.)

2 28 Spargelköpfe auf 5 cm verkürzen, 4 bis 5 Minuten in kochendem Salzwasser garen, abschrecken, damit sie ihre schöne Farbe behalten, und abtropfen lassen.

3 Den Rest der Spargel in 2 cm lange Abschnitte schneiden, in kochendem Salzwasser garen bis sie schön zart sind, abtropfen lassen und das Kochwasser aufbewahren.

4 Die Schalotte schälen und sehr fein hacken, sie mit etwas Butter in einen Topf geben und auf mittlerer Hitze erwärmen bis sie glasig ist. Dann 1 dl Spargelkochwasser und 1 dl Geflügelfond hinzufügen. Aufkochen lassen und die Creme sowie die abgetropften Spargelabschnitte hinzugeben. Vom Feuer nehmen, im Mixer pürieren, durch ein feines Sieb streichen und abschmecken. Zur Seite stellen.

5 Die Trüffel in sehr dünne Scheibchen schneiden und in einer kleinen hermetisch schließenden Schale kühl stellen.

6 Einige Kerbelblätter abpflücken und ebenfalls vor Luft geschützt kühl stellen.

Fertigstellung

1 Die Spargelcreme erwärmen und mit 30 g Butter anhand eines Schneebesens verfeinern, abschmecken.

2 Die Spargelköpfe in etwas Butter erwärmen.

3 Eine Nuss Butter in einer Pfanne erhitzen, die Trüffel-Julienne hinzugeben, 30 Sekunden warten, die Flusskrebsschwänze hinzufügen, salzen und mit Cayenne pfeffern, umrühren und vom Feuer nehmen, sobald die Flusskrebse heiß sind.

Für 4 Personen

28 Flusskrebse
40 g schwarze Trüffel
1 kg mittelgroße grüne Spargel
1 Schalotte
1 dl Geflügelfond*
3 dl Creme zu 35 %
50 g Butter
Kerbel
Cayenne
Salz und Pfeffer aus der Mühle

*Siehe Kapitel „Grundrezepte“

Anrichten
Die Spargelcreme in 4 vorgewärmte Suppenteller verteilen, jeweils mit 7 wie Radspeichen angeordneten Spargelköpfen dekorieren und die Flusskrebse kuppelförmig in die Mitte setzen. Mit der Trüffel-Julienne überstreuen und mit etwas Kerbel dekorieren.

N.B.: Dieses Rezept kann ebenfalls mit, selbst gekocht gekauften, Shrimps zubereitet werden.

Lauwarmes pochiertes Ei mit Trüffelpüree und grüner Spargelcreme

Für 4 Personen

4 große Eier (bis zum Gebrauch im Kühlschrank aufbewahren)
28 dünne grüne Spargel
80 g schwarze Trüffel
150 g Leberpastete
3,5 dl Creme zu 35 %
1 kleine Schalotte
1 EL Portwein
1 EL alter Madeira
10 g Butter
1 dl Weißweinessig
Salz und Pfeffer aus der Mühle

Vorbereitung

1 Die Spargelköpfe auf 2 cm zuschneiden, in einen kleinen Topf geben, sie gerade mit Salzwasser überdecken und 3 Minuten kochen lassen. Abschrecken und abtropfen lassen, dabei das Kochwasser auffangen. Zur Seite stellen.

2 Das harte Ende der Spargel entfernen und den Rest in 2 cm große Abschnitte schneiden. In einen Topf geben, mit dem aufgefangenen Kochwasser der Spargelspitzen übergießen und Wasser nachfüllen, so dass sie 2 cm unter der Flüssigkeit eingetaucht sind, und garen lassen, bis sie schön zart sind. Abtropfen lassen und 1 dl Kochwasser auffangen.

3 In einem Topf den dl Spargelkochwasser und 3 dl Creme aufkochen lassen, die abgetropften Spargelabschnitte hinzufügen und alles mit dem Mixer pürieren. Dann durch ein feines Sieb streichen. Abschmecken und zur Seite stellen.

4 Die Schalotte sehr fein hacken.

5 Die Trüffel mit einer kleinen speziellen Raspel in 1 mm dünne Scheiben schneiden. Mit einer Ausstechform 2 cm große Halbmonde ausstechen und in einer hermetisch schließenden Schale kühl stellen.

6 Für das Trüffelpüree den Rest der Trüffel hacken, mit 10 g Butter und der Schalotte in einen kleinen Topf geben und auf mittlerem Feuer erhitzen, bis die Schalotte glasig ist, mit dem Portwein und dem Madeira aufgießen, zur Hälfte einkochen lassen, 0,5 dl Creme hinzufügen und weiter einkochen lassen, bis die Creme das Gehackte gut umhüllt. Würzen und zur Seite stellen.

7 Die Stopfleber mit der Gabel zerdrücken oder durch ein Sieb streichen, vor Luft geschützt kühl stellen.

Fertigstellung und Anrichten

1 Die Spargelcreme erwärmen.

2 In eine Ausstechform mit einem Durchmesser von 4 cm in der Mitte von 4 kleinen Suppentellern einen 1 cm hohen Sockel Leberpüree einfüllen und mit Trüffelpüree bestreichen.

3 In einem niedrigen Topf mit großem Durchmesser 1 Liter Wasser mit 1 dl Essig zum Kochen bringen.

4 Die kalten Eier getrennt in Tassen aufschlagen. Sie nacheinander in das siedende Wasser geben und 3 Minuten pochieren lassen. Sie kurz unter warmem Wasser abspülen, um den Essiggeschmack zu beseitigen, sie auf einem Tuch abtropfen lassen und ihnen eine schöne runde Form verleihen.

5 Die pochierten Eier mit den Halbmonden der schwarzen Trüffel dekorieren und sie auf die Sockel setzen.

6 Die Sockel radspeichenförmig mit den Spargelspitzen umgeben.

7 Die Spargelcreme um den Lebersockel herum gießen und sofort servieren.

Kalmare-Cannelloni mit Artischocken und Spargel, Safransaft

Für 4 Personen

500 g ganz kleine Kalmare
6 kleine violette Artischocken
20 dünne grüne Spargel
100 g Zucchini
50 g Schalotten
10 g Knoblauch
30 g Schnittlauch
20 g Estragon
60 g glatte Petersilie
60 g gekräuselte Petersilie
1 dl Olivenöl
1 EL Weintraubenkernöl
30 g Butter
20 g echter Parmesan
1 Zitrone
Cayenne
Salz und Pfeffer aus der Mühle
Safran-Ravioli-Teig:
250 g Mehl
2 g Safranpulver
3 kleine ganze Eier
1 TL Olivenöl
1 Prise Salz

Vorbereitung

1 Für den Safranteig das Mehl in die Mixerschale sieben, Salz und die mit dem Öl aufgeschlagenen Eier hinzugeben und mit den Knethaken so lange arbeiten, bis sich der Teig von selbst zu einer Kugel bildet. Ihn in Klarsichtfolie einwickeln und 2 Stunden kühl stellen.

2 Die Kalmaren reinigen. 100 g unter den Kleinsten für das Dekor zurückbehalten, in Klarsichtfolie wickeln und kühl stellen. Die anderen in etwas Olivenöl in der Pfanne kurz anbraten. Salzen und pfeffern, grob hacken, abtropfen lassen und zur Seite stellen. Die Pfanne nicht waschen.

3 Um das Zucchini-Stück herum 3 mm Dicke Streifen einschl. Schale abschneiden und in 3 mm kleine Würfel schneiden. Vor Luft geschützt kühl stellen. Den Rest der Zucchini hacken, nachdem Sie gegebenenfalls die Kerne entfernt haben.

4 Knoblauch und Schalotten fein hacken und mit dem Zucchini-Fleisch in der Pfanne anbraten, die zuvor für die Kalmaren gedient hat, wenn nötig, etwas Öl hinzufügen. Würzen und mit den garen und grob gehackten Kalmaren vermischen.

5 Ein Dritter aller Kräuter hacken, der vorherigen Mischung beigeben und das Ganze mit einigen Messerstichen egalisieren. Diese Farce abschmecken.

6 Den Stiel der Artischocken auf 4 cm verkürzen, die Blätter auf ein Drittel ihrer Länge zuschneiden und dann wie einen Apfel schälen, dabei spitzenförmig im Stiel enden. Jeden Boden in 10 Viertel teilen und in Zitronenwasser aufbewahren.

7 Die Spargelspitzen auf 5 cm verkürzen, 3 bis 4 Minuten in kochendem Salzwasser blanchieren, abschrecken, abtropfen lassen und zur Seite stellen.

8 Für die Safran-Creme, die gehackte Schalotte und den abgepflückten Thymian in einen kleinen Topf geben, Öl hinzufügen und auf mittlerem Feuer erhitzen, bis die Schalotte glasig ist. Den Sud hinein gießen, Safranpulver hinzufügen und zur Hälfte einkochen lassen. Die Creme zugeben und langsam weiter einkochen lassen, bis die Creme am Holzlöffel haftet. Durch ein feines Sieb in einen anderen Topf gießen, Mit Salz, Pfeffer, Cayenne, 2 Tropfen Zitronensaft würzen und einige Safranspitzen hinzugeben. Zur Seite stellen.

9 Den Ravioli-Teig 2 mm dick ausrollen und in 10 x 10 cm große Vierecke schneiden.

10 Die Teigvierecke in kochendem Salzwasser mit 1 EL Weintraubenkernöl garen. Sie sollen zwar fest, aber nicht „al dente" sein. Unter kaltem Wasser abschrecken und flach auf einem Tuch abtropfen lassen.

11 Auf jedes Viereck, 2 cm vom Rand entfernt, Kalmaren-Füllung (etwa wie einen Zeigefinger) auftragen, zu einer Zigarre zusammenrollen, in zwei Teile schneiden und die Enden abschrägen. Die Cannelloni auf einer gebutterten Platte ablegen und mit einem Pinsel buttern. Mit einem feuchten Tuch abdecken.

12 Für den Kräutersaft die restlichen Kräuter grob hacken, mit 3 EL Wasser in die Schale des Mixers geben und pürieren. Dieses Püree kräftig durch ein feines Sieb streichen, um den ganzen Saft auszupressen. In einen kleinen Topf geben, zum Kochen bringen, 10 g Butter unterrühren, würzen und vom Herd nehmen.

13 Den Parmesan mit einer Trüffelreibe in feine Späne raspeln und vor Luft geschützt aufbewahren.

Kochen und Fertigstellung

1 Den Backofen auf 220° (Th. 7) vorheizen.

2 Die Artischockenviertel kurz in heißem Olivenöl anbraten, bis sie schön gebräunt sind. Die Spargelspitzen hinzufügen, von Zeit zu Zeit umrühren, um sie zu erwärmen, und würzen.

3 Die Zucchini-Würfel in gleicher Weise in Olivenöl anbraten und würzen.

4 Die Platte mit den von Butterbrotpapier abgedeckten Cannelloni 3 bis 4 Minuten in den Backofen schieben. Sie sollen nur erwärmt werden, darauf achten, dass sie nicht trocknen.

5 Eine beschichtete Pfanne sehr stark erhitzen, dann etwas Olivenöl eingießen und die kleinen, für das Garnieren zurückbehaltenen Kalmaren kräftig anbraten. Würzen und auf Küchenpapier abtropfen lassen.

6 Den Kräutersaft erwärmen.

Safran Creme
1 dl Fischfond*
3 dl Creme, 35 % Fettanteil
3 g Safranpulver
15 g gehackte Schalotten
1 Zweig Thymian (ca. 5 cm)
2 Tropfen Zitronensaft
1 TL Öl
einige Safranspitzen
Cayenne
Salz und Pfeffer

* Siehe Kapitel „Grundrezepte“

Anrichten
2 EL Safrancreme und 1 TL Kräutersaft auf die Teller geben. Die Cannelloni in die Mitte legen und mit den Artischocken und Spargeln umgeben. Mit Parmesanspänen dekorieren. Den Rest des Tellers mit den gebratenen Kalmaren und den kleinen Zucchiniwürfeln garnieren.

Kleine Brokkolisuppe mit wilden Pilzen

Für 4 Personen

1,200 kg Brokkoli
300 g Pilze (eine Sorte wie z.B. Steinpilze, Pfifferlinge, oder gemischt)
1 große Schalotte
7,5 dl Geflügelbrühe*
1 dl Creme, 35 % Fettanteil
20 g Butter
2 Kerbelhalme
Salz und Pfeffer aus der Mühle

* Siehe Kapitel „Grundrezepte"

Vorbereitung

1 Nur die Brokkoliröschen behalten, waschen und abtropfen lassen. Um dann eine schöne grüne Suppe zu erhalten, sie 5 Minuten ohne Deckel in reichlich kochendem Salzwasser garen, da sie gut durchgekocht sein müssen. Abtropfen lassen, unter kaltem Wasser abschrecken, damit sie ihre Farbe behalten, und nochmals gründlich abtropfen lassen.

2 Die erdigen Füße der Pilze entfernen. Sie schnell unter laufendem Wasser waschen, außer Steinpilze, deren Köpfe nur abgewischt werden dürfen.

3 Große Pilze in 3 bis 4 mm dicke Scheiben schneiden, die Mittleren vierteln und die Kleinen ganz lassen. Sie in einer hermetisch geschlossen Schale kühl stellen.

4 Die Brühe zum Kochen bringen, sie auf die Brokkolis gießen und alles durchmixen. In einen Topf geben, die Creme hinzufügen, salzen und pfeffern, durch ein feines Sieb streichen, wieder in den Topf zurück gießen und zur Seite stellen.

5 Die Schalotte sehr fein hacken und vor Luft geschützt kühl stellen.

6 Den Kerbel abpflücken und vor Luft geschützt kühl stellen.

Fertigstellung

1 Die Suppe erwärmen.

2 Eine beschichtete Pfanne stark erhitzen, die Pilze hineingeben, salzen und das Wasser bei Umrühren auskochen lassen. Wenn dieses Wasser fast völlig verdampft ist, unter ständigem Rühren 20 g Butter und die gehackte Schalotte hinzugeben. 2 Minuten weitergaren lassen, stets mit einem Spachtel umrühren, und die Pilze auf ein Küchenpapier schütten.

Anrichten
Die Suppe in Schalen oder vorgewärmte Suppenteller verteilen, in der Mitte eine Pilzkuppel anordnen und mit Kerbel dekorieren.

Spinat- und Kräuter-Raviolis mit Petersiliensaft

Für 4 Personen

400 g Ravioli-Teig*
200 g gekräuselte Petersilie
50 g glatte Petersilie
100 g Spinat
50 g Kerbel
50 g Schalotten
50 g Rahm
2 dl Gemüsebrühe*
1 TL-Spitze Stärke
1 EL Olivenöl
1 EL Weintraubenkernöl
30 g Butter
1 Ei
Gries
Feine Kräuter für die Dekoration
Salz und Pfeffer aus der Mühle

* Siehe Kapitel „Grundrezepte"

Vorbereitung

1 Den Teig zubereiten, eine Kugel bilden, in Klarsichtfolie einwickeln und 2 Stunden kühl stellen.

2 Für die Füllung sehr sorgfältig die Stiele des Kerbels, der gekräuselten Petersilie, der glatten Petersilie und der Spinatblätter entfernen.

3 Einen großen Topf mit Salzwasser zum Kochen bringen, die beiden Petersilien hinzugeben und 5 Minuten kochen lassen. Abtropfen lassen, unter kaltem Wasser abschrecken und nochmals abtropfen lassen.

4 Den Spinat 2 Minuten blanchieren, abschrecken und abtropfen lassen.

5 Die Schalotten sehr fein hacken.

6 Die abgetropfte Petersilie kräftig zwischen Ihren Händen zusammendrücken, um das ganze Wasser zu entfernen, und 50 g davon für den Petersiliensaft zur Seite stellen.

7 In einer Pfanne 1 EL Olivenöl und die gehackte Schalotte bei mittlerer Hitze erwärmen, bis die Schalotte glasig ist, den Rest der Petersilie und den Spinat hinzufügen, ihn dabei mit einer Gabel trennen. Den rohen Kerbel hinzugeben, salzen und pfeffern, 30 Sekunden umrühren und auf ein Brett kippen. Alles grob mit einem Messer hacken und abkühlen lassen.

8 Mit dem Rahm mischen und würzen. Die Gesamtmasse in 28 etwa nussgroße Kügelchen teilen.

9 Den Teig 2 mm dick ausrollen. Ihn in zwei gleiche Teile teilen und flach auf das gemehlte Brett legen.

10 Das Eigelb vom Eiweiß trennen, das Eigelb in eine Tasse geben, mit 1 EL kaltem Wasser verdünnen und eine der beiden Teighälften damit anhand eines Pinsels bestreichen. In einem Abstand von jeweils 4 cm die 28 Masse-Kugeln darauf anordnen. Die zweite Teighälfte vorsichtig darüber legen und mit den Fingern um jede Kugel herum andrücken, um die beiden Teighälften fest miteinander zu verbinden. Die Ravioli ausstechen und auf einer mit einer dünnen Griesschicht bedeckten Platte zur Seite stellen. Mit einem Tuch abdecken, damit sie nicht austrocknen.

11 Für den Petersiliensaft, 50 g der zurückbehaltenen Petersilie und 2 dl Gemüsebrühe in die Schale des Mixers geben, mixen, und durch ein feines Sieb kräftig in einen kleinen Topf streichen, um den ganzen Saft aufzufangen. Erhitzen.

12 Die Stärke mit 1 EL kaltem Wasser anrühren, in den Petersiliensaft gießen, umrühren und vom Herd nehmen.

Kochen

1 Die Ravioli etwa 3 Minuten in reichlich kochendem Salzwasser mit 1 EL Weintraubenkernöl pochieren. Sie nach und nach auf einem Tuch abtropfen lassen.

Fertigstellung

1 Den Petersiliensaft erwärmen und abschmecken.

2 Die Ravioli in einer Pfanne in 30 g Butter erwärmen, würzen und vorsichtig umrühren, bis sie schön warm sind.

Anrichten
Petersiliensaft auf einen kleinen vorgewärmten Suppenteller gießen und 7 Ravioli kronenförmig darauf anrichten. Den Teller nach Belieben mit einem Sträußchen feiner Kräuter dekorieren.

Jakobsmuscheln in der Schale mit Herzmuschelsaft und Kaviar

Für 4 Personen

4 große Jakobsmuscheln in der Schale
1 Handvoll Algen (fakultativ)
250 g Herzmuscheln
1 dl Weißwein
0,5 dl Creme zu 35 %
20 g Kaviar
2 neue Zwiebeln
1 kleine Zwiebel
1 Thymianzweig
1 Lorbeerblatt
Etwas Zitronensaft
Etwas Kirsch
+ 5g Butter
Grobes Salz, Cayenne
Salz und Pfeffer aus der Mühle

Vorbereitung

1 Die Herzmuscheln mehrmals waschen.

2 Die kleine Zwiebel hacken, mit 10 g Butter in einen kleinen Topf geben und die Zwiebel auf mittlerem Feuer glasig werden lassen. Den Thymian, das Lorbeerblatt und die Herzmuscheln hinzufügen, mit Wein begießen, zudecken und die Herzmuscheln in etwa einer Minute öffnen. Sie abtropfen lassen und den Kochsud über ein feines, mit einem feuchten Seihtuch (oder Gaze) ausgelegtes Sieb in einem kleinen Topf auffangen. Ihn auf ein Drittel einkochen lassen und zur Seite stellen.

3 Die Herzmuscheln auslösen und in ihrem eingekochten Sud zur Seite stellen.

4 Die Jakobsmuscheln öffnen, ohne die beiden Schalen zu trennen. Sie unter fließendem Kaltwasser bürsten, ohne die Schalen zu beschädigen, die Nüsse ablösen und reinigen. Sie auf einem mit Klarsichtfolie geschützten Teller kühl stellen.

5 Die neuen Zwiebel parieren, einschl. der Stiele schräg in 1 cm lange Streifen schneiden und mit 15 g Butter in einen kleinen Topf geben. Auf mittlerem Feuer schmelzen lassen. Würzen und zur Seite stellen.

6 Auf jedem Teller mit dem groben Meersalz eine Kuppel anordnen und mit einigen Algen dekorieren.

Fertigstellung und Anrichten

1 In der unteren Etage eines Couscous-Topfes 1 Liter Wasser zum Kochen bringen.

2 Die Jakobsmuschelnüsse mit Cayenne, Salz und Pfeffer würzen, auf ihre untere Schale legen und die geschmolzenen neuen Zwiebeln darauf verteilen. Sie in den gelochten Teil des Couscous-Topfes legen und 3 bis 4 Minuten mit geschlossenem Deckel garen lassen.

3 Den eingekochten Herzmuschelsud (ohne die Herzmuscheln) erwärmen, 0,5 dl Creme, dann 30 g Butter mit dem Holzlöffel einrühren, den Kirsch und einige Tropfen Zitronensaft hinzufügen. Abschmecken, die Herzmuscheln zugeben und in die Schalen um die Jakobsmuschel herum gießen. Jede Nuss mit einem Kaviartüpfel garnieren.

Kalbsbrieschen mit Selleriecreme und gebackenen Kräutern

Für 4 Personen

1 großes Kalbsbrieschen
400 g Knollensellerie
100 g Kartoffeln
20 g schwarze Trüffel
3 dl Geflügelbrühe*
3 dl + 1 TL Creme zu 35 %
20 g glatte Petersilie
30 g gekräuselte Petersilie
20 g Estragon
20 g geklärte Butter
30 g Butter
1 dl Erdnussöl
Mehl
Salz und Pfeffer aus der Mühle

*Siehe Kapitel „Grundrezepte“

Vorbereitung

1 Das Kalbsbrieschen drei bis vier Stunden in kaltem Wasser auswässern lassen. Dann vorsichtig und sorgfältig mit einem kleinen Küchenmesser abpellen, alle Häutchen und knorpeligen Teile beseitigen. In 2 cm große Würfel schneiden und auf einem mit Klarsichtfolie geschützten Teller kühl stellen.

2 Für die Selleriecreme 300 g Sellerie und 100 g Kartoffeln in 1 cm große Würfel schneiden und gemeinsam in der Geflügelbrühe mit einer Prise Salz garen. Sobald das Gemüse schön zart ist, 3 dl Creme hinzufügen, aufkochen lassen, mit dem Mixer pürieren und ohne Andrücken durch ein feines Sieb gießen. Würzen und zur Seite stellen.

3 100 g Sellerie und 20 g Trüffel in 2 mm große Würfel schneiden. Sie getrennt einige Minuten in 10 g Butter schwitzen lassen, auf Küchenpapier abtropfen lassen und in den Topf mit der Selleriecreme geben.

4 Die Stiele der Kräuter abschneiden und sie vor Luft geschützt kühl stellen.

Fertigstellung

1 Die Selleriecreme erwärmen.

2 Die Kräuter in warmem Öl (oder in einer Friteuse bei 150°) backen und auf Küchenpapier abtropfen lassen.

3 Die Kalbsbrieschenwürfel salzen und pfeffern, mit 1 TL Creme leicht befeuchten, mit 2 Prisen Mehl überstreuen und gut durchmischen, so dass man den Eindruck hat, sie seien mit einer Art klebrigen Creme umgeben.

4 Die geklärte Butter in einer Pfanne stark erhitzen, die Kalbsbrieschenwürfel kurz anbraten, dann 20 g frische Butter hinzufügen. Sie in dieser Butter lassen, bis sie schäumend, abschmecken und auf Küchenpapier abtropfen lassen.

Anrichten
Die Selleriecreme auf vorgewärmte Suppenteller verteilen, die Kalbsbrieschenwürfel in der Mitte anordnen und mit den gebackenen Kräutern dekorieren.

Muscheltopf mit Kerbel

Für 4 Personen

1 Liter Miesmuscheln
500 g Herzmuscheln
500 g Praires
3 dl Weißwein
2 Schalotten
3 Bund Suppengrün (Thymian, Petersilie und Lorbeer)
3 Kerbelzweige
100 g Butter
Salz und Pfeffer aus der Mühle

Vorbereitung

1 Die Muscheln getrennt bürsten und unter fließendem Wasser waschen, insbesondere die Herzmuscheln, die stets voller Sand sind.

2 Sie nach der herkömmlichen Methode getrennt öffnen: die Hälfte einer gehackten, in 10 g Butter ausgeschwitzten Schalotte, Muscheln, Suppengrün und 1 dl Weißwein hinzufügen, zudecken und etwa 2 Minuten warten, den Topf zwei oder drei Mal schütteln. Die Muscheln abtropfen lassen und den Kochsud auffangen. Die Hälfte von ihnen auslösen.

3 Die 3 Kochsude der Muscheln gemeinsam durch ein mit einem feuchten Seihtuch (oder Gaze) ausgelegtes Sieb gießen.

4 Auf mittlerem bis starkem Feuer zur Hälfte einkochen lassen.

5 Den Kerbel vorbereiten und vor Luft geschützt kühl stellen.

Fertigstellung

1 Den eingekochten Muschelsud erwärmen und mit 70 g Butter mit dem Schneebesen binden. Sobald die ganze Butter absorbiert ist, vom Herd nehmen, probieren, großzügig pfeffern und wenn nötig mit Salz abschmecken.

Anrichten
Die verschiedenen Muscheln in 4 vorgewärmte Suppenteller verteilen, mit der heißen Butterbrühe übergießen und mit Kerbel bestreuen.

Makkaroni-Pastete mit Froschschenkeln und Morchelcreme

Für 4 Personen

300 g Makkaroni
200 g frische Morcheln
1 große Schalotte
1 EL Madeira
0,5 dl Creme zu 35 %
12 Froschschenkel
4 Zweige glatte Petersilie
40 sehr dünne grüne Spargel
20 g Kerbel
70 g Butter
Salz und Pfeffer aus der Mühle

Feine Geflügelfüllung:
1 Eiweiß
160 g rohes Geflügelfleisch
160 g Creme Double
Cayenne
Salz und Pfeffer aus der Mühle

Froschschenkel-Creme:
1 Schalotte
2 Petersilienstiele
20 g Butter
Knochen und Waden der Froschschenkel
1,5 dl Geflügelbrühe*
1,5 dl Creme zu 35 %
Cayenne
Salz und Pfeffer aus der Mühle

*Siehe Kapitel „Grundrezepte“

Vorbereitung

1 Für die feine Geflügelfüllung, das sehr kalte Hähnchenfleisch in Stücke schneiden und im Mixer pürieren. Nach und nach die ebenfalls sehr kalte Creme und das Eiweiß hinzugeben. Würzen.

2 Die Morcheln parieren, mehrmals waschen. Die 28 größten Morcheln zur Seite stellen, den Fuß abschneiden und sie von innen unter fließendem kalten Wasser waschen. Auf einem Tuch abtropfen lassen.

3 Diese 28 Morcheln mit einem eher feinen Spritzbeutel mit der feinen Geflügelfüllung füllen und sie auf einem mit Klarsichtfolie geschützten Teller kühl stellen. Den Rest der Füllung im Kühlschrank aufbewahren.

4 Für die Füllung der Pasteten den Rest der Morcheln in zwei Teile schneiden. Sie dann in einer kleinen Pfanne mit 10 g Butter anbraten, den Madeira hinzufügen und ganz einkochen lassen. Die Creme zugeben, bis zur Bindung kochen lassen, vom Herd nehmen, würzen und zur Seite stellen.

5 Die Froschschenkel mit einem kleinen spitzen Messer entbeinen, indem Sie auf jeder Seite des Knochens entlang fahren. Dann erhält man das Fleisch der Schenkel und der Waden. In einer Pfanne 20 g Butter schmelzen lassen, und diese Paare auf kleinem Feuer 3 Minuten langsam garen, würzen und in einem Sieb abtropfen lassen.

6 Das Froschfleisch und die Morcheln mischen und die Größe der Stücke mit einem Messer vereinheitlichen.

7 Die 4 Petersilienzweige hacken und untermischen. Das Volumen messen und ihm das gleiche Volumen der feinen Geflügelfüllung hinzufügen, mischen und abschmecken.

8 Diese Füllung in 4 gebutterte Zylinder mit einem Durchmesser von 5 cm und einer Höhe von 4 cm formen und kühl stellen.

9 Die Makkaroni in reichlich kochendem Salzwasser „al dente“ garen, ohne sie dabei zu zerbrechen. Abtropfen lassen.

10 Aus einer dicken Aluminiumfolie 4 Streifen von 25 x 4 cm ausschneiden und buttern.

11 Die Makkaroni in sehr regelmäßige, 4 cm große Abschnitte schneiden und nebeneinander auf die gebutterte Aluminiumfolie legen, aber nur über eine Länge von 17 cm. Die Makkaroni mit etwas feiner Geflügelfüllung bestreichen und die Aluminiumstreifen mindestens eine halbe Stunde kühl stellen.

12 Die Spargelspitzen auf 2 cm verkürzen, 2 bis 3 Minuten in kochendem Salzwasser garen, abschrecken und abtropfen lassen.

13 Die Farce-Zylinder ausformen. Jeweils vorsichtig mit einem Aluminiumstreifen umgeben, wobei die Makkaroni-Seite zur Farce hin gerichtet ist. Leicht andrücken, um die Makkaronis nicht zu beschädigen, die dennoch gut anhaften müssen. Wieder kühl stellen.

Makkaroni-Pastete mit Fröschschenkeln und Morchelcreme *Fortsetzung*

14 Für die Froschschenkel-Creme die Schalotte fein hacken und in Butter mit den 2 zerkleinerten Petersiliestielen schwitzen lassen. Die Knochen und das übrige Froschfleisch hinzugeben, mit der Brühe aufgießen und auf kleinem Feuer zur Hälfte einkochen lassen. Die Creme hinzufügen und weiterkochen lassen, bis die Sauce am Löffel haften bleibt. Mit Salz, Pfeffer und Cayenne würzen, durch ein mit einem feuchten Seihtuch (oder Gaze) ausgelegtes Sieb filtern. Kühl stellen.

15 Den Kerbel vorbereiten und vor Luft geschützt kühl stellen.

Fertigstellung

1 Den Backofen auf 180° (Th. 5) vorheizen.

2 Die Spargelspitzen mit Dampf erwärmen.

3 Die Pasteten in einer hitzebeständigen Schüssel mit Deckel anordnen. 10 Minuten in den Backofen schieben.

4 Die gefüllten Morcheln 3 Minuten in 10 g warmer Butter anbraten.

5 Die Froschschenkel-Creme erwärmen und mit einem Mixer aufschäumen.

Anrichten

Eine Pastete in der Mitte eines jeden Suppentellers anordnen. Den Aluminiumstreifen abnehmen. 5 Spargelspitzen strahlenförmig auf jede Pastete legen. Jede Pastete mit Froschcreme umgeben.
Um jede Pastete herum 5 gefüllte, mit einer Spargelspitze gekrönte Morcheln anordnen.
Auf jede Pastete 2 gefüllte Morcheln setzen. Nach Belieben mit Kerbel dekorieren.

Froschschenkel-Papilloten mit frischem Kräuter-Risotto

Vorbereitung

1 Die Froschschenkel entbeinen, indem Sie auf jeder Seite des Knochens mit einem kleinen Messer entlang fahren, um das Fleisch der Schenkel und der Waden abzulösen (insgesamt 150 g). Die Knochen zur Seite stellen.

2 Die Zwiebeln und ihren Stiel sehr fein hacken.

3 Die junge Porreestange parieren und den weißen und hellgrünen Teil sehr fein hacken.

4 30 g Butter in einer beschichteten Pfanne sehr stark erhitzen. Das Froschfleisch zugeben, salzen und pfeffern, und 30 Sekunden umrühren. Den gehackten Porree und die gehackte Zwiebel hinzufügen, 20 Sekunden weiterkochen lassen, dann den Inhalt der Pfanne auf einen Teller gießen.

5 Die Pfanne wieder auf das Feuer stellen, 1,5 dl Creme hinzugeben und zur Hälfte einkochen lassen. Vom Herd nehmen, das Eigelb kräftig unterrühren, dann die Pfanne wieder vorsichtig auf die niedrige Flamme stellen, um die Sauce eindicken zu lassen, ohne dass sie jedoch wieder aufkochen darf.

6 Wenn die Creme an der Spachtel haftet, die Mischung aus Froschfleisch, Zwiebeln und Porree wieder in die Pfanne geben, 15 Sekunden bis kurz vor dem Aufkochen umrühren, in eine Schüssel gießen, abkühlen lassen und in den Kühlschrank stellen, bis das Produkt völlig kalt ist.

7 Die äußeren Blätter der großen Porreestange entfernen, aus den nächsten 4 Blättern den dunkelgrünen und den hellgrünen Teil herausschneiden. Sie 3 Minuten in kochendem Salzwasser blanchieren, abschrecken und flach auf einem Tuch abtropfen lassen. Dann jedes Blatt der Länge nach gut zusammengedrückt aufrollen und in 4 mm breite Streifen schneiden. Die Streifen wieder abrollen und auf 15 cm Länge verkürzen. Sie dienen zum Verschnüren der Papilloten.

8 Den verbleibenden weißen Teil dieser Porreestange durchschneiden und in 5 cm lange Abschnitte schneiden. Jeden Abschnitt auf dem Brett flach schlagen und in 2 mm breite Streifen schneiden (Julienne). Sie brauchen davon 50 g Julienne. Sie vor Luft geschützt kühl stellen.

9 Für die Begleitsauce, die Schalotte schälen und sehr fein hacken, sie mit 1 EL geklärter Butter in einen Topf geben. Bei mittlerer Hitze glasig werden lassen, dann die Froschknochen hinzugeben , 2 Minuten unter Rühren schwitzen lassen, dann mit 1 dl Geflügelbrühe aufgießen und stets bei mittlerer Hitze um die Hälfte einkochen lassen. Dann 1,5 dl Creme hinzufügen und zu einer Art Sirup zusammenkochen lassen. Durch ein feines Sieb in einen anderen Topf gießen, abschmecken und zur Seite stellen.

10 Die Brickblätter in 12 x 15 cm große Rechtecke schneiden. Sie anhand eines Pinsels mit etwas geklärter Butter bestreichen. Eine etwa daumenlange Wurst der Füllung an den Breitseiten entlang anordnen, dann wie eine Zigarette rollen. Die Enden mit den Porreestreifen verschnüren. Auf einem mit Klarsichtfolie geschützten Teller kühl stellen.

11 Den Schnittlauch und die Petersilie fein hacken und vor Luft geschützt kühl

Für 4 bis 5 Personen

48 Froschschenkel
1 kleine neue Porreestange
1 große Schalotte
2 Lauchzwiebeln
1/3 Bund Schnittlauch
1/2 Strauss Petersilie
3 dl Creme zu 35 %
1 dl Geflügelbrühe*
1 Eigelb
8 bis 10 Brickblätter
1 große Porreestange
Mehl
100 g geklärte Butter
30 g Butter
Salz und Pfeffer aus der Mühle

*Risotto***:*

150 g Reis
1/2 Zwiebel
4,5 dl Geflügelbrühe*
30 g Butter
20 g echter, frisch geriebener Parmesan
30 g echter Parmesan in Spänen
Ca. 2 EL Creme zu 35 %
Salz und Pfeffer aus der Mühle

* Siehe Kapitel „Grundrezepte“
** Für die Zubereitung des Risotto, siehe in diesem Kapitel das Rezept „Kaninchen-Risotto“

Froschschenkel-Papilloten mit frischem Kräuter-Risotto *Fortsetzung*

stellen.

Fertigstellung

1 Den Risotto zubereiten.

2 Den Backofen auf der höchsten Stufe vorheizen.

3 Eine große beschichtete Pfanne mit dem Rest der geklärten Butter erhitzen und die Papilloten darin von allen Seiten anbraten, bis sie schön goldgelb und knusprig sind. Auf Küchenpapier abtropfen lassen.

4 Gleichzeitig die Porree-Julienne in Mehl wenden und in einer auf 170° erhitzten Friteuse backen. Auf Küchenpapier abtropfen lassen, sobald sie schön goldgelb sind, und auf der geöffneten Backofentür warm stellen.

5 Den Saucentopf erwärmen und die gehackte Petersilie und Schnittlauch hinzufügen.

Anrichten
Den Risotto in die Mitte der vorgewärmten Suppenteller verteilen, 2 Wickel kreuzförmig darauf legen.
Mit Sauce umranden und mit Parmesanspänen bestreuen. Eventuell mit noch verbleibender Petersilie dekorieren.

Leckeres Entenleber-Ragout mit Linsen und Balsamico-Essig

Vorbereitung

1 Die Leber in 3 cm große Würfel schneiden und auf einem mit einer Klarsichtfolie geschützten Teller in den Kühlschrank stellen.

2 Die Rote Bete schälen und in kleine, 3 mm große Würfel schneiden. In einer Vinaigrette aus 1 EL Rotweinessig, Salz, Pfeffer und 2 EL Erdnussöl aufbewahren.

3 Für die Zubereitung der Linsen diese waschen und abtropfen lassen. Sie 2 Minuten in ungesalzenem kochenden Wasser blanchieren und abtropfen lassen. Die Karotte und die Zwiebel schälen, die Pfeffernelke in die Zwiebel picken. Das äußere Blatt des weißen Teils der Porreestange entfernen. Die Linsen wieder in einen Topf geben, das Gemüse und Suppenkraut sowie, gegebenenfalls, das Speckstück hinzufügen, mit 1 Liter kaltem Wasser aufgießen, aufkochen lassen, dann das Feuer kleiner stellen und langsam 25 bis 30 Minuten weiterkochen lassen. Erst 5 Minuten bevor sie gar sind salzen.

Wenn die Linsen gar sind, den Speck, das Gemüse und das Suppengrün herausnehmen und die Linsen in ihrem Kochsud aufbewahren.

4 Die Schnittlauchspitzen zur Seite stellen. Den Rest der Halme klein hacken. Die glatten Petersilieblätter hacken. Den Kerbel vorbereiten. Alle diese Kräuter getrennt vor Luft geschützt kühl stellen.

5 Die Spinatsprossen waschen und abtropfen lassen.

6 Für die Sauce: Die Schalotte fein hacken und mit 3 EL Rotweinessig und 3 EL Portwein in einen kleinen Topf geben. Zu drei Viertel einkochen lassen, 3 EL braunen Fond hinzugeben und nochmals um die Hälfte einkochen lassen. 4 EL Haselnussöl und 3 EL Balsamico-Essig hinzufügen, salzen und pfeffern, und im Topf aufbewahren.

Fertigstellung

1 Die Leberwürfel würzen und in etwas Mehl wenden.

2 Eine beschichtete Pfanne mit etwas Öl erhitzen und die Leberwürfel kurz anbraten, bis sie eine schöne Farbe aufweisen. Auf Küchenpapier abtropfen lassen.

3 Die Linsen erwärmen.

4 Die Vinaigrette erwärmen und mit einem Mixer aufschäumen.

Für 4 Personen

400 g rohe Entenleber
100 g gekochte Rote Bete
20 g Kapern
100 g junger Spinat
1 EL weißer Essig
2 EL Erdnussöl
20 g Schnittlauch
20 g glatte Petersilie
20 g Kerbel
1 große Schalotte
3 EL Rotweinessig
3 EL Portwein
3 EL brauner Kalbsfond*
4 EL Haselnussöl
3 EL Balsamico-Essig
Mehl
Salz und Pfeffer aus der Mühle

Linsen:

250 g grüne Linsen
1/2 Karotte
1/2 Zwiebel
1/2 Porree
1 Bund Suppengrün (Thymian, Petersilie, Lorbeer)
1 Pfeffernelke
50 g geräucherter Speck (fakultativ)
Salz und Pfeffer aus der Mühle

* Siehe Kapitel „Grundrezepte"

Anrichten

2 Löffel Linsen in der Mitte der vorgewärmten Teller anrichten und die Stopfleberwürfel kuppelförmig darauf setzen.
Mit Spinatsprossen umgeben.
Mit den Rote-Bete-Würfeln bestreuen.
Warme Vinaigrette über die Leber gießen.
Mit Kerbel und Schnittlauch dekorieren.

Fische

Rochenflügel in Senf mit Gurken und Dill

Für 4 Personen

4 schöne dicke Rochenflügel à 200 g (enthäutet und filetiert)
500 g Gurken
200 g Tomaten
1 Bund Dill
0,5 dl Weißwein
0,5 dl Fischfond*
1 Schalotte
0,5 dl Creme zu 35 %
50 g Butter
Etwas Weißweinessig
Cayenne
Salz und Pfeffer aus der Mühle
Senfbutter:
75 g aufgeweichte Butter
30 g Dijon-Senf (scharf)
1/2 Zitronensaft
Cayenne
Salz und Pfeffer aus der Mühle
Alles im Mixer püriert

*Siehe Kapitel „Grundrezepte"

Vorbereitung

1 Die Rochenflügel salzen und pfeffern, mit 40 g Senfbutter bepinseln und auf einem mit Klarsichtfolie geschützten Teller kühl stellen.

2 Die Gurken schälen und mit einem kleinformatigen Ausstechlöffel Kügelchen ausstechen. Sie können die Gurke auch nur einfach in 4 mm kleine Würfel schneiden (in diesem Fall genügt 1/2 Gurke). Die Kugeln oder Würfel 1 Minute in kochendem Salzwasser blanchieren, abschrecken und zur Seite stellen.

3 Die Tomaten kreuzweise einschneiden, 15 Sekunden brühen und sofort abschrecken. Die Haut abziehen, entkernen und das Fleisch in winzige Würfel schneiden. Vor Luft geschützt kühl stellen.

4 Für die Sauce die Schalotte fein hacken, mit 20 g Butter in einen Topf geben und auf mittlerem Feuer glasig werden lassen. Mit dem Fischfond und dem Weißwein aufgießen und zur Hälfte einkochen lassen. Durch ein feines Sieb in einen anderen Topf gießen, um die Schalotte zu entfernen, 0,5 dl Creme hinzufügen, 30 Sekunden aufkochen lassen, vom Herd nehmen und zur Seite stellen.

5 Die Dillspitzen abpflücken und in einer luftdichten Schale kühl stellen.

Fertigstellung

1 Die Gurkenkugeln in 20 g Butter erwärmen, Tomatenwürfel hinzugeben und würzen. Vom Herd nehmen.

2 Die Sauce erwärmen, mit 60 g Senfbutter binden, die Sie mit einem kleinen Schneebesen bei schwacher Hitze unterschlagen. Abschmecken. Etwas Weißweinessig hinzufügen.

3 Die Rochenflügel salzen und pfeffern und mit 40 g Senfbutter bepinseln.

4 Eine große beschichtete Pfanne mit 20 g Butter erhitzen und die Rochenflügel von jeder Seite 30 Sekunden braten.

Anrichten
Die Flügel in die Mitte eines jeden Tellers legen, mit Sauce umranden und die Gurken-/Tomatenmischung darüber gießen. Mit Dillspitzen bestreuen.

Goldgelbe Seeteufel-Scheiben mit Sesamkörnern, Wintergemüse-Curry

Für 4 Personen

4 Seeteufel-Scheiben, 3 cm dick mit Knochen (à 150 g)
200 g Karotten
200 g Rüben
200 g Knollensellerie
150 g Blumenkohl
1 Porree
20 g Sesamkörner
1 Eigelb
1 EL Creme zu 35 %
30 g Mehl
1 großes Blatt Weißkohl (für die Dekoration)
1 EL geklärte Butter
60 g Butter
1 gestrichener EL Curry
Salz und Pfeffer aus der Mühle
Roter Paprikasaft:
1 rote Paprikaschote
50 g Butter
Etwas Zitronensaft
Salz und Pfeffer aus der Mühle
Curry-Sauce:
2 dl Geflügelbrühe*
1 dl Milch
1 dl Creme zu 35 %
80 g „Mirepoix“ (Karotte, Sellerie und Zwiebel in 5 mm kleinen Würfeln)
30 g Apfel
1 EL geklärte Butter
1 gestrichener EL starker Madras-Curry
1/2 Lorbeerblatt
Etwas Zitronensaft
Salz und Pfeffer aus der Mühle

*Siehe Kapitel „Grundrezepte“

Anrichten
Die 2 Saucen im Zickzack auf die vorgewärmten Teller gießen
Das Gemüse in die Mitte und den Fisch auf das Gemüse legen.
Den Seeteufel mit der „Porree-Julienne“ überstreuen und mit einem Stück des getrockneten Kohlblatts dekorieren.

Vorbereitung

1 Karotten, Rüben und Sellerie schälen und zu 4 cm langen Oliven schneiden (oder in 1 cm große Würfel). 12 Blumenkohlblümchen vorbereiten. Alles vor Luft geschützt kühl stellen.

2 Nur den weißen Teil des Porrees behalten, der Länge nach durchschneiden, waschen und abtropfen lassen. In 6 cm lange Scheiben schneiden, aufstapeln und in 1 mm breite Julienne schneiden. Vor Luft geschützt kühl stellen.

3 Für den Paprikasaft die Schote durchschneiden, die Körner und weißen Teile herausnehmen, klein schneiden und 5 Minuten in 0,5 dl Salzwasser kochen. Dann alles mixen, durch ein feines Sieb streichen, wieder in den Topf geben und auf 2 EL einkochen lassen. Zur Seite stellen.

4 Für die Curry-Sauce, das Apfelstück in 5 mm große Würfel schneiden und mit der „Mirepoix“, Lorbeer, Salz und Pfeffer in der heißen geklärten Butter anbräunen. Dann mit Curry überrieseln, mischen und den Boden leicht anbrennen lassen, mit Brühe und Milch ablöschen. Auf kleiner Flamme weiterkochen lassen, bis das Gemüse gar ist. Dann mixen, durch ein feines Sieb streichen, wieder in den Topf geben, zur Hälfte einkochen lassen, die Creme hinzufügen, abschmecken, einige Tropfen Zitronensaft einträufeln und zur Seite stellen.

5 Das für die Dekoration vorgesehene Kohlblatt mit der geklärten Butter einpinseln und auf dem Backblech in den auf 80° (Th. 1) vorgeheizten Backofen schieben. Aufpassen, denn es trocknet sehr schnell, und aus dem Ofen nehmen, bevor es braun wird. Zur Seite stellen.

6 Die Seeteufelscheiben würzen und in etwas Mehl wenden.

7 In einer Tasse das Eigelb und 1 EL Creme mischen. Die Fischscheiben mit dieser Mischung bepinseln und mit einigen Sesamkörnern bestreuen. Auf einem mit Klarsichtfolie geschützten Teller kühl stellen.

Fertigstellung

1 30 g Butter in einer Pfanne erhitzen, das entsprechend vorbereitete Gemüse samt Blumenkohl hinzugeben. Beides bei mittlerer Hitze einige Minuten bei Umrühren schwitzen lassen, mit einem gestrichenen EL Curry überstreuen, gründlich durchmischen, mit 1 dl Wasser ablöschen, umrühren und solange kochen, bis das Gemüse noch etwas fest ist.

2 Die „Porree-Julienne“ in einer Friteuse bei 170° frittieren. Auf Küchenpapier abtropfen lassen.

3 Den eingekochten Paprikasaft erwärmen und mit 50 g Butter binden, die Sie bei schwacher Hitze mit einem kleinen Schneebesen unterschlagen. Mit etwas Zitronensaft abschmecken.

4 Die Curry-Sauce erwärmen.

5 Eine beschichtete Pfanne mit 1 kleinen EL geklärter Butter erhitzen und die Seeteufelscheiben langsam braten, mit der Sesamseite beginnen. Wenn sie auf allen Seite schön goldbraun sind (insgesamt 4 bis 5 Minuten), sind sie gar. Dann nur noch 30 g frische Butter in die Pfanne geben und den Fisch eine Minute lang ununterbrochen mit dieser schäumenden Butter begießen.

Sankt-Petersfisch-Streifen mit Ingwer und Estragonschaumbutter

Für 4 Personen

8 Sankt-Petersfisch-Streifen à 70 g (in Filetrichtung geschnitten)
150 g Ingwerwurzeln
1 Zweig Estragon
1 Schalotte
0,5 dl Weißwein
0,5 dl Fischfond*
2 EL Creme zu 35 %
1 EL Mehl
90 g Butter
5 EL geklärte Butter
Etwas Zitronensaft
Cayenne
Salz und Pfeffer aus der Mühle

* Siehe Kapitel „Grundrezepte“

Vorbereitung

1 Das Ingwerstück schälen. 30 g hacken oder raspeln. Den Rest zu einer feinen 1 mm breiten „Julienne“ schneiden. Die „Julienne“(Gemüse und Kräuterfüllung) in Klarsichtfolie wickeln und kühl stellen.

2 Die Fischstreifen mit Cayenne, Salz und Pfeffer würzen, mit Creme bepinseln und in Mehl wenden. Auf eine Seite mit gehacktem Ingwer bestreuen und etwas andrücken. Auf einem mit Klarsichtfolie geschützten Teller kühl stellen.

3 Estragon abzupfen und fein hacken. Vor Luft geschützt kühl stellen.

4 Für die Schaumbutter die Schalotte fein hacken, mit 10 g Butter in einen Topf geben und bei mittlerer Hitze glasig werden lassen. Etwas Ingwer, 1 EL Creme, den Weißwein und den Fischfond hinzugeben und auf 2 EL einkochen lassen. Durch ein feines Sieb in einen anderen Topf gießen und zur Seite stellen.

Fertigstellung

1 Die „Ingwer-Julienne“ in 3 EL sehr heißer geklärter Butter anbraten, bis sie schön bräunlich und knusprig ist. Auf Küchenpapier abtropfen lassen.

2 Die Saucenbasis erwärmen und mit dem Schneebesen bei starker Hitze 80 g sehr kalte Butterstücken unterrühren. Mit Salz, Pfeffer, Cayenne und etwas Zitronensaft würzen. Den gehackten Estragon hinzugeben.

3 Eine beschichtete Pfanne mit 2 EL geklärter Butter erhitzen. Die Fischstreifen mit der Ingwerseite nach unten etwa 50 Sekunden auf der ersten und 20 Sekunden auf der zweiten Seite braten. Auf Küchenpapier abtropfen lassen.

Anrichten
Die Streifen auf vorgewärmte Teller legen. Darauf eine kleine Kuppel des frittierten Ingwers setzen, mit der Estragonschaumbutter umgeben.

Gerösteter Steinbutt „à la Boulangère“ mit Kapern

Für 4 Personen

4 dicke Steinbuttfilets (à 150 g)
300 g Charlotte-Kartoffeln (von gleicher Größe)
50 g Kapern
1 kleine neue Zwiebel
1 Tomate
2 Stengel glatte Petersilie
2 Stengel gekräuselte Petersilie
12 Basilikumblätter
1/2 Bund Schnittlauch
2 EL Weißweinessig
1 EL Mehl
1 EL Creme zu 35 %
45 g Butter
6 EL geklärte Butter
2 Prisen rosa Beeren
Cayenne
Salz und Pfeffer aus der Mühle

Vorbereitung

1 Die Kartoffeln in gleichmäßige Zylinder und dann mit einer Raspel in 2 mm feine Lamellen schneiden. In einem Tuch abtrocknen und sie dann zu 4 Fladen mit einem Durchmesser von 8 cm formen.

2 2 große beschichtete Pfannen mit jeweils 2 EL geklärter Butter erwärmen. Mit einer Spachtel vorsichtig 2 Fladen in jede Pfanne legen, salzen und auf beiden Seiten bräunen. Mit der Spachtel herausnehmen und auf dem gebutterten Backblech zur Seite stellen.

3 Die Tomate kreuzweise einschneiden, 15 Sekunden in kochendes Wasser tauchen und sofort abschrecken, enthäuten, durchschneiden, entkernen und das Fleisch in winzige 3 mm kleine Würfel (Brunoise) schneiden. In Klarsichtfolie kühl stellen.

4 Die Zwiebelknolle schälen und sehr fein hacken. In Klarsichtfolie vor Luft geschützt kühl stellen.

5 Die glatte Petersilie abzupfen. Die gekräuselte Petersilie in kleine Büschel schneiden. Die Stiele der Basilikumblätter entfernen und vor Luft geschützt kühl stellen.

6 Den Schnittlauch fein hacken und ebenfalls vor Luft geschützt kühl stellen.

7 Die Steinbuttschnitten mit Cayenne, Salz und Pfeffer würzen, mit Creme bepinseln und in Mehl wenden. Sie auf einem mit Klarsichtfolie geschützten Teller kühl stellen.

Fertigstellung

1 Den Backofen auf 240° (Th. 8) vorheizen.

2 2 EL geklärte Butter in einer beschichteten Pfanne erhitzen. Die Steinbuttschnitten auf jeder Seite 2 Minuten braten, dann 10 g frische Butter hinzufügen und noch 1 Minute auf jeder Seite weiterbraten. Sie dabei stets beträufeln.

3 Das Bratfett aus der Pfanne gießen und durch 30 g frische Butter ersetzen. Wenn die Butter heiß ist, die gehackte Zwiebel hinzufügen, umrühren, bis die Butter schäumt, dann die Kapern und die Tomatenwürfel hinzugeben. Den Kochvorgang mit 2 EL Weißweinessig anhalten, vom Herd nehmen, salzen und pfeffern.

4 Wenn der Backofen heiß ist, das Blech mit den Kartoffelfladen einschieben, bis sie warm und schön knusprig sind.

5 Die Kräuter (außer den Schnittlauch) in einer Friteuse bei 150° frittieren. Auf Küchenpapier abtropfen lassen.

Anrichten
Einen Fladen in die Mitte der vorgewärmten Teller legen.
Darauf den Fisch anrichten und mit der Kapernbutter begießen.
Mit den frittierten Kräutern umgeben und den gehackten Schnittlauch sowie die rosa Beeren über die Teller streuen.

Gegrillter Steinbuttrücken mit rotem Zwiebelkompott, jungem Porree und säuerlichem Pistazienölschaum

Für 4 Personen

4 dicke Steinbuttschnitten aus dem Rückenfilet (à 150 g)
4 neue Porreestangen
20 g geschälte Pistazien
20 g Butter
1 EL Weintraubenkernöl
1 EL Balsamico-Essig
Etwas Rotweinessig
3 EL würziger Saft*
2 Prisen rosa Beeren
Cayenne
Salz und Pfeffer aus der Mühle

Säuerlicher Pistazienölschaum:
4 EL Pistazienöl
2 EL Zitronensaft
Salz und Pfeffer aus der Mühle

Rotes Zwiebelkompott:
400 g rote Zwiebeln
Ca. 3,5 dl kräftiger Rotwein
0,7 dl Rotweinessig
3,5 dl Wasser
50 g Honig
10 g Butter
Salz und Pfeffer aus der Mühle

* Siehe Kapitel „Grundrezepte"

Vorbereitung

1 Die Steinbuttschnitten mit Cayenne, Salz und Pfeffer würzen, sie mit etwas Weintraubenkernöl bepinseln und auf einem mit Klarsichtfolie geschützten Teller kühl stellen.

2 Für das Zwiebelkompott, die Zwiebeln schälen und klein schneiden. Mit dem Essig und soviel Rotwein in einen Topf geben, dass sie gerade bedeckt sind. Etwa 30 Minuten auf kleinem Feuer kochen lassen, bis keine Flüssigkeit mehr vorhanden ist. Mit Wasser ablöschen, den Honig zugeben und noch 10 Minuten auf kleinem Feuer weiterkochen, nicht anbrennen lassen. Dann 10 g Butter hinzugeben, salzen, pfeffern, gut durchrühren und zur Seite stellen.

3 Für den Pistazienschaum, Öl und Zitronensaft zu Schaum mixen. Würzen.

4 Die ersten 2 Blätter der Porreestange sowie den grünen Teil entfernen, der für dieses Rezept nicht gebraucht wird. Waschen und 3 Minuten in kochendem Salzwasser blanchieren, abschrecken und abtropfen lassen. Schräg in 2 cm lange Abschnitte schneiden und zur Seite stellen.

5 Die Pistazien der Länge nach in kleine Stäbchen schneiden und zur Seite stellen.

Fertigstellung

1 Den Grill auf eine nicht zu hohe Temperatur vorheizen.

2 Die Porreestücke bei kleiner Hitze mit 10 g Butter erwärmen, sie dabei vorsichtig hin und her rollen. Salzen.

3 Das Zwiebelkompott erwärmen und etwas Rotweinessig hinzufügen.

4 3 EL gewürzten Saft in einen kleinen Topf geben, aufkochen lassen, 1 EL Balsamico-Essig hinzufügen, nochmals aufkochen lassen, das Feuer abstellen und mit dem Schneebesen 10 g Butter unterrühren. Abschmecken.

5 Die Steinbuttschnitten auf den nicht zu heißen Grill legen und zweieinhalb Minuten auf jeder Seite grillen.

Anrichten
Das Zwiebelkompott in der Mitte der vorgewärmten Teller anrichten und den Steinbutt darauf legen. Mit Pistazienstäbchen bestreuen.
Mit Pistazienschaum umgeben, einige „Tupfer" gewürzten Saft hinzufügen und den Teller mit rosa Beeren garnieren.

Goldbrasse mit Artischocken, Fenchel und Safranzwiebeln

Für 4 Personen

1 Goldbrasse von 1,500 kg (bratfertig)
12 kleine violette Artischocken
1 großer Fenchel
100 g Zwiebeln
250 g Tomaten
1/2 Knoblauchzehe
12 schwarze Oliven
1 Schalotte
1 Dillzweig
1 Thymianzweig
1 Zitrone
1 Prise Safranpulver
10 EL natives Olivenöl
Salz und Pfeffer aus der Mühle
Pimentiertes Aïoli:
1/2 rotes Piment
1 Eigelb
1 Knoblauchzehe
1 dl natives Olivenöl
Salz und Pfeffer aus der Mühle

Vorbereitung

1 Von der entschuppten und von Innereien befreiten Goldbrasse die Flossen abschneiden und dort den Thymianzweig und die Hälfte des Dillzweigs hineinstecken (etwa Dill für die Dekoration behalten). Die Haut des Fisches vorsichtig rautenförmig einritzen und auf einem mit Klarsichtfolie geschützten Teller kühl stellen.

2 Die Artischockenstiele auf 4 cm verkürzen und die Blätter auf ein Drittel ihrer Höhe abschneiden. Dann jede Artischocke wie einen Apfel schälen und dem Stiel eine Spitze Form verleihen, da der Stiel der violetten Artischocken essbar ist. Jede in 6 Viertel teilen und in Zitronenwasser zur Seite stellen.

3 Die großen Blätter des Fenchels sowie den Strunk entfernen. Das Herz entgegen der Faserrichtung in 1,5 mm lange Lamellen schneiden. Vor Luft geschützt kühl stellen.

4 Die Zwiebeln schälen, quer in 2 mm lange Lamellen schneiden. Kurz mit 2 EL Olivenöl weichwerden lassen, mit einer Prise Safran überstreuen, salzen, mischen, mit 3 EL Wasser ablöschen und langsam weiterkochen lassen, bis das Wasser verdampft ist. Vom Herd nehmen und zur Seite stellen.

5 Die Tomaten kreuzweise einschneiden, 15 Sekunden in kochendes Wasser tauchen und sofort abschrecken. Enthäuten, entkernen und das Fleisch in kleine Würfel schneiden.

6 Für das Tomatenpüree den Knoblauch und die Schalotte sehr fein hacken, in 1 EL Öl glasig werden lassen, die Tomatenwürfel hinzufügen, salzen, pfeffern, 2 Minuten bei Umrühren weiterkochen lassen. Vom Herd nehmen und 1 EL Olivenöl hinzugeben. Zur Seite stellen.

7 Die Oliven entkernen und in Längsrichtung in dünne Stäbchen schneiden. Zur Seite stellen.

8 Für das gewürzte Aïoli das halbe Pigment sorgfältig entkernen und sehr fein hacken. Die Knoblauchzehe schälen und im Mörser zerkleinern. Das Eigelb, Salz und Pfeffer hinzufügen, dann wie eine Mayonnaise mit 1 dl Olivenöl anmachen. Wenn nötig einige Tropfen warmes Wasser hinzufügen und nach und nach, je nach Ihrem Geschmack, entsprechend würzen. Im mit Klarsichtfolie geschützten Mörser kühl stellen.

Fertigstellung

1 Den Backofen auf der höchsten Stufe vorheizen.

2 In einen großen, hitzebeständigen Topf 3 EL Olivenöl erhitzen. Die Goldbrasse salzen und pfeffern und in den Topf legen. Sie auf beiden Seiten anbraten.

3 Wenn der Fisch auf beiden Seiten schön goldgelb ist, den Topf für insgesamt 8 Minuten in den Backofen stellen, ihn nach 4 Minuten umdrehen und jede Minute mit dem Kochöl beträufeln. Die Goldbrasse ist gar, wenn man einen der großen Gräte der Flosse in Kopfnähe gerade herausziehen kann. Den Fisch auf dem vorgewärmten Servierteller auf die offene Backofentür stellen.

4 Die Artischockenviertel abtropfen lassen.

5 Den Fenchel mit 1 EL Olivenöl anbraten und würzen.

6 In die Pfanne, in der der Fisch gebraten wurde, 2 El Olivenöl geben, erhitzen und die Artischocken hinzufügen. Sie kurz anbraten und etwas bräunen, würzen und im letzten Moment die Safranzwiebeln zugeben, bis sie warm sind.

Anrichten
Die Artischocken und den Fenchel um die Daurade herum anordnen, mit der „Oliven-Julienne" überstreuen und mit Dillspitzen dekorieren.
Das Tomatenpüree und das Safran-Aïoli getrennt servieren.

Wolfsbarschfilet mit Zucchini und Kaviar-Butter

Für 4 Personen

4 dicke Wolfsbarschschnitzel
à 150 g
40 g Kaviar
2 kleine Zucchini
1 Schalotte
0,5 dl Fischfond*
0,5 dl Zitronensaft
1 Zweig „Livèche“
2 volle EL Creme zu 35 %
120 g Butter
Cayenne
Salz und Pfeffer aus der Mühle

* Siehe Kapitel „Grundrezepte“

Vorbereitung

1 Die Wolfsbarschschnitzel großzügig mit 20 g aufgeweichter Butter einschmieren, sie auf einen ebenfalls gebutterten Teller legen, mit Klarsichtfolie abdecken und kühl stellen.

2 Die Zucchini waschen und trocknen, nicht schälen. Aus der Haut 4 mm dicke Streifen schneiden, in 4 mm große Würfel schneiden. Sie 1 Minute in kochendem Salzwasser blanchieren, abschrecken, abtropfen lassen und zur Seite stellen.

3 Die Schalotte für die Sauce sehr klein hacken, mit 10 g Butter in einen Topf geben und auf mittlerer Hitze glasig werden lassen. Mit dem Fischfond und dem Zitronensaft ablöschen und auf die Hälfte einkochen lassen. Die Creme hinzufügen, aufkochen lassen, vom Herd nehmen, mit Cayenne, Salz und Pfeffer würzen. Durch ein feines Sieb in einen anderen Topf gießen und zur Seite stellen.

4 „Livèche“ abpflücken und vor Luft geschützt kühl stellen.

Fertigstellung

1 Den Backofen auf 180° (Th. 5) vorheizen.

2 3 gestrichene TL Kaviar behutsam mit 1 TL Wasser verdünnen.

3 Die Wolfsbarschschnitzel salzen und pfeffern und 8 Minuten in den warmen Backofen stellen.

4 Die Zucchini-Würfel in 10 g Butter anbraten und salzen.

5 Die Saucen-Basis erwärmen und bei kleiner Flamme mit dem Schneebesen 70 g aufgeweichte Butter unterrühren. Abschmecken und den verdünnten Kaviar hinzugeben.

6 Den Fisch nach 8 Minuten aus dem Backofen nehmen und mit einem gebutterten Pinsel abwischen, um den während des Kochens herausgetretenen Eiweißstoff zu entfernen.

Anrichten
Die Wolfsbarschschnitzel auf den vorgewärmten Tellern anrichten (die Teller dürfen jedoch nicht zu heiß sein, da der Fisch sonst weitergaren würde).
Mit Sauce begießen und mit Zucchini umgeben.
Auf jedes Schnitzel einen kleinen Kaviartüpfel setzen.
Den Teller mit „Livèche“ dekorieren.

Felchen mit Sesamkörnern, Schmorkohl und würzigem Saft

Für 4 Personen

4 dicke Felchenfilets à 150 g
2 Eigelb
50 g Sesamkörner
30 g Mehl
2 EL Weintraubenkernöl
Cayenne
Salz und Pfeffer aus der Mühle

Schmorkohl:
1 mittelgroßer Weißkohl
1 neue Zwiebel
1,5 dl Gemüsebrühe*
1 EL natives Olivenöl
20 g Butter
Salz und Pfeffer aus der Mühle

Würziger Saft:
1 Schalotte
1 EL Weintraubenkernöl
1 TL Ras-el-hanout (nordafrikanische Gewürzmischung)
1 dl Rotwein
1 EL Balsamico-Essig
2 EL Soja-Sauce
1 dl Fischfond*
1 gestrichener TL Stärke (wenn nötig)
Salz und Pfeffer aus der Mühle

* Siehe Kapitel „Grundrezepte“

Vorbereitung

1 Die Felchenfilets der Breite nach in 3 cm breite Streifen schneiden.

2 Die Eigelbe in eine Tasse geben, aufschlagen und mit Salz, Cayenne und Pfeffer würzen. Die Felchenfilets auf der Hautseite mit Eigelb bepinseln, mit Sesamkörnern bestreuen und sie andrücken. Auf einen mit Klarsichtfolie geschützten Teller legen und kühl stellen.

3 Die äußeren Kohlblätter wegwerfen, die anderen abblättern. Diese Blätter 2 Minuten in kochendem Salzwasser blanchieren, abschrecken, die großen Strünke aus der Mitte entfernen und gut abtropfen lassen, bevor Sie sie mit den Händen zusammendrücken, um alles Wasser zu entfernen.

4 Die Zwiebel schälen und klein hacken, mit 1 EL Olivenöl in einen Topf geben und bei mittlerer Hitze glasig werden lassen. Die Kohlblätter hinzugeben, salzen und pfeffern, mit der Gemüsebrühe ablöschen und bei Umrühren weiterkochen lassen, bis der Kohl gar ist, und zur Seite stellen.

5 Die Schalotte schälen für den würzigen Saft und klein hacken, mit einem EL Weintraubenkernsaft in einen kleinen Topf geben, bei mittlerer Hitze glasig werden lassen, 1 TL Ras-el-hanout hinzufügen, mit 1 dl Rotwein ablöschen, dann 1 EL Balsamico-Essig, 2 EL Soja-Sauce und 1 dl Fischfond hinzufügen. Das Feuer größer stellen und auf 1,5 dl einkochen lassen. Wenn die Sauce zu flüssig ist, sie mit 1 gestrichenen TL in einem EL kaltem Wasser verdünnter Stärke binden. Die Sauce durch ein feines Sieb in einen anderen Topf gießen, abschmecken und zur Seite stellen.

Fertigstellung

1 Den Kohl in 20 g Butter erwärmen.

2 Den würzigen Saft erwärmen.

3 2 EL Weintraubenkernöl in einer beschichteten Pfanne erhitzen, die Felchenstreifen mit nach unten gerichteter Haut 1 Minute anbraten, umdrehen und noch 40 Sekunden auf der anderen Seite braten. Auf Küchenpapier abtropfen lassen.

Anrichten
2 Löffel Schmorkohl kuppelförmig in der Mitte der vorgewärmten Teller anrichten.
Die Felchenstreifen darauf andrücken.
Mit dem würzigen Saft umgeben.

Seeteufelfilet mit Gewürzen und Senfsauce

Für 4 Personen

600 g Seeteufel aus dem Herzen eines dicken Filets und pariert
1 kleine Karotte
100 g Stangensellerie
1 Schalotte
0,5 dl Weißwein
0,5 dl Fischfond*
5 EL Creme zu 35 %
1 EL Senf aus Dijon
1/3 Bund Schnittlauch
1 Zweig Kerbel
2 EL Gewürzmischung*
2 EL geklärte Butter
130 g Butter
Mehl
Cayenne
Salz und Pfeffer aus der Mühle

* Siehe Kapitel „Grundrezepte"

Vorbereitung

1 Den Seeteufel mit 2 EL Creme bestreichen, mit Salz und 2 EL Gewürzmischung würzen, in etwas Mehl wenden und auf einem mit Klarsichtfolie geschützten Teller kühl stellen.

2 Die Karotte und den Sellerie schälen und in 2 mm kleine Stücke schneiden (Brunoise).

3 Die Schalotte schälen und klein hacken. Auf mittlerem Feuer mit 10 g Butter glasig werden lassen. Dann die Karotten- und Selleriewürfel hinzufügen und 1 Minute bei Umrühren weitergaren lassen. Mit dem Wein und dem Fischfond ablöschen und auf die Hälfte einkochen lassen. 3 EL Creme hinzufügen, aufkochen lassen, würzen und zur Seite stellen.

4 2 TL Schnittlauch hacken und den Kerbel abrupfen, in einer kleinen, luftdichten Schale kühl stellen.

Fertigstellung

1 Die geklärte Butter stark in einer großen Pfanne erhitzen, den Seeteufel 5 Minuten braten, ihn nach der Hälfte der Bratzeit umdrehen.

2 Die geklärte Butter weggießen und 50 g frische Butter in die Pfanne geben, dann 7 bis 8 Minuten bei mittlerer Hitze weiterbraten. Den Fisch dabei ständig mit der schaumigen Butter überträufeln, ohne das sie braun wird.

3 Die Saucen-Basis erwärmen und ihr mit einem kleinen Schneebesen 70 g aufgeweichte Butter untermischen. Dann 1 EL Senf unterschlagen, abschmecken und 2 TL Schnittlauch hinzufügen.

4 Das gare Seeteufelfilet auf ein Brett legen und in zentimeterdicke Scheiben schneiden.

Anrichten
Die heiße Sauce auf die Teller gießen und die Seeteufelscheiben darauf legen.
Mit Kerbel dekorieren.

Rotbarbenfilet „à l'orange“

Für 4 Personen

4 Rotbarben à 150 bis 200 g (abgeschuppt, filetiert, Köpfe und Gräten getrennt)
1 Schalotte
2 kleine Tomaten
2 Basilikumblätter
1 dl Weißwein
1 Orange
1 Zitrone
1 dl Gemüsebrühe*
1/4 Scheibe Ananas
1/2 Ölsardellenfilet
4,5 dl natives Olivenöl
2 EL geklärte Butter
Mehl
Cayenne
Meersalz
Salz und Pfeffer aus der Mühle

* Siehe Kapitel „Grundrezepte“

Vorbereitung

1 Die kleinen Gräten mit einer Pinzette aus den Filets entfernen, alle Filets auf einem mit Klarsichtfolie geschützten Teller kühl stellen.

2 Die Köpfe und mittleren Gräten waschen und abtropfen lassen. In 2 cm große Stücke schneiden.

3 Eine Tomate kreuzweise einschneiden, 15 Sekunden in kochendes Wasser tauchen und sofort abschrecken. Schälen, entkernen und das Fleisch in winzige Würfel schneiden. Mit 1/2 EL Olivenöl schwitzen lassen, salzen, pfeffern und zur Seite stellen. Die zweite Tomate ohne sie zu schälen in große Würfel schneiden.

4 Die Orange unter heißem Wasser bürsten und abtrocknen. Zwei 3 cm breite Schalenstreifen abschälen, das sich unter der Schale befindliche Weiße entfernen, und sie in eine 1 mm breite lange Julienne schneiden. Vor Luft geschützt kühl stellen. 1 dl Saft auspressen.

5 Die Sardelle ganz klein hacken und zur Seite stellen.

6 Die Schalotte schälen und fein hacken.

7 Für die Sauce, 1 EL Olivenöl und die Schalotte in einem kleinen Topf erhitzen. Wenn die Schalotte glasig ist, die zerkleinerten Köpfe und Gräten hinzufügen, 2 bis 3 Minuten bei Umrühren mit einem Spachtel anbraten. Die großen Tomatenwürfel hinzugeben, mit 1 dl Weißwein und 1 dl Orangensaft ablöschen und 5 Minuten auf kleinem Feuer weiterkochen lassen. Durch ein feines Sieb in einen anderen Topf gießen und auf 1 dl Flüssigkeit einkochen lassen. 1 dl Gemüsebrühe hinzugeben und auf 4 EL Flüssigkeit einkochen lassen. Schließlich 3 EL Olivenöl und einige Tropfen Zitronensaft hinzufügen.

Abschmecken und diese Sauce zur Seite stellen.

8 Das Ananasstück und die Basilikumblätter hacken und vor Luft geschützt kühl stellen.

Fertigstellung

1 Die Rotbarbenfilet mit Salz, Pfeffer und Cayenne würzen und in etwas Mehl wenden.

2 Die Sauce erwärmen und die gehackte Sardelle, die gehackte Ananas, die kleinen in Butter geschwitzten Tomatenwürfel und die Orangenschalen-Julienne hinzufügen. Kurz aufkochen lassen, abschmecken, vom Herd nehmen und die 2 Basilikumblätter über dem Topf klein schneiden.

3 Die Rotbarbenfilets in sehr heißer geklärter Butter in einer oder zwei Pfannen etwa 40 Sekunden auf der Hautseite und 20 Sekunden auf der Fleischseite braten. Sie dann sofort aus der Pfanne nehmen, da sie sonst weitergaren, und auf Küchenpapier abtropfen lassen.

Anrichten

Sauce auf die vorgewärmten Teller gießen, 2 Rotbarbenfilets V-förmig darauf anordnen und mit einigen Meersalzkörnern überstreuen.

Gebratene Rotbarbe mit schwarzen Oliven und Kartoffelravioli, Kräutersauce

Für 4 Personen

4 Rotbarben à 150 bis 200 g (filetiert, Köpfe und Gräten getrennt)
1 EL Olivenöl
1 kleine Schalotte
1 dl Weißwein
1 kleine Aubergine
1/2 rote Paprikaschote
1 kleine Tomate
8 schwarze Oliven
100 g Kräuterbutter*
1/3 Bund Schnittlauch
1 EL Creme zu 35 %
1 EL Mehl
1 EL natives Olivenöl
5 EL geklärte Butter
Tabasco
Salz und Pfeffer aus der Mühle
Kartoffelravioli:
1 große Charlotte-Kartoffel
1 Eigelb
1 großes Bund Kerbel
3 EL geklärte Butter

* Siehe Kapitel „Grundrezepte"

Vorbereitung

1 Die kleinen Gräten mit einer Pinzette aus den Rotbarbenfilets entfernen. Die Filets auf einen Teller legen und mit Klarsichtfolie geschützt kühl stellen.

2 Für den Fond, die Köpfe und mittleren Gräten der Rotbarben waschen. 1 Schalotte klein hacken. Mit 1 EL Olivenöl in einen kleinen Topf geben und auf mittlerem Feuer glasig werden lassen, die Gräten und Köpfe hinzugeben und 2 Minuten umrühren. Mit 1 dl Weißwein und 1 dl Wasser ablöschen und 5 Minuten weitergaren lassen. Durch ein feines Sieb in einen anderen Topf gießen und auf 3 EL einkochen lassen. Zur Seite stellen.

3 Für die Kartoffelravioli, den Wert von 2 TL Kerbel klein hacken. Die Charlotte schälen und an ihrem breitesten Teil 40 1 mm dicke Lamellen mit einem Durchmesser von über 4 cm abraspeln. In einem Tuch trocknen. 20 Lamellen nebeneinander auf den Tisch legen, mit Eigelb bepinseln, 1 TL Kerbel auf die Mitten verteilen, eine andere Kartoffellamelle darauf legen, mit der Handfläche andrücken und ihre Form mit einer Ausstechform mit einem Durchmesser von 4 cm angleichen. Die Ravioli in geklärter Butter wenden und sie auf einem mit Klarsichtfolie geschützten Teller zur Seite stellen.

4 Die Aubergine in 1 cm große Würfel schneiden. Sie vor Luft geschützt kühl stellen.

5 2 TL Schnittlauch hacken und vor Luft geschützt kühl stellen.

6 Die Oliven entkernen und in 2 mm kleine Würfel schneiden.

7 Die Tomate kreuzweise einschneiden, 15 Minuten in kochendes Wasser tauchen und sofort abschrecken. Schälen, das Fleisch in 2 mm kleine Würfel schneiden und auf Küchenpapier ihr Eigenwasser abtropfen lassen.

8 Die Paprikaschote schälen, die weißen Teile und Körner entfernen und das Fleisch in 2 mm kleine Würfel schneiden.

9 1 TL Olivenöl in einer kleinen beschichteten Pfanne erhitzen und die Paprikawürfel 2 Minuten ohne Färbung schwitzen lassen, die schwarzen Oliven, einen Schuss Tabasco, die Tomatenwürfel hinzufügen, salzen und pfeffern, vom Herd nehmen und zur Seite stellen.

Fertigstellung

1 Die Auberginenwürfel salzen und pfeffern, in etwas Mehl wenden und sie mit ein wenig Creme mischen, wonach sie klebrig aussehen, was aber normal ist.

2 Sie in sehr heißer geklärter Butter kurz anbraten bis sie schön knusprig sind, und auf Küchenpapier abtropfen lassen.

3 Den eingekochten Fond erwärmen und mit einem kleinen Schneebesen bei kleinem Feuer die aufgeweichte Kräuterbutter untermischen. Mit Cayenne, Salz und Pfeffer abschmecken. Die 2 zur Seite gestellten TL Schnittlauch hinzufügen.

4 Die Kartoffelravioli ebenfalls in einer Pfanne mit 2 EL sehr heißer geklärter Butter knusprig braten und abtropfen lassen

5 Die Rotbarbenfilets mit Cayenne, Salz und Pfeffer würzen, die Hautseite mit etwas Mehl bestreichen und sie in 2 EL geklärter Butter zunächst 40 Sekunden auf der Hautseite und dann 20 Sekunden auf der Fleischseite braten und auf Küchenpapier abtropfen lassen.

Anrichten
Etwas Kräutersauce in die Mitte der vorgewärmten Teller gießen, 2 Rotbarbenfilets V-förmig darauf legen. Einen kleinen Löffel der Oliven- und Tomatenmischung über die ganze Länge der Filets verteilen.
Die Kartoffelravioli fächerförmig am Tellerrand anordnen.
Die Auberginenwürfel um sie herum streuen.

Halbgare Forelle mit Gewürzen und frittiertem Porree

Vorbereitung

1 Die Forellenscheiben mit Butter bestreichen und auf einem mit Klarsichtfolie geschützten Teller kühl stellen.

2 Die Paprikas schälen, die Körner und weißen Teile entfernen und in 2 mm kleine Würfel schneiden. 2 Minuten in etwas heißer Butter anbraten und zur Seite stellen.

3 Die 2 äußeren Porreeblätter entfernen. Den dunkelgrünen Teil abschneiden, den Porree der Länge nach durchschneiden, waschen und abtropfen lassen. Jede Hälfte in 6 cm breite Abschnitte schneiden, auf einem Brett flach schlagen und in sehr dünne Streifen mit einem Durchmesser von 1 mm schneiden. Vor Luft geschützt kühl stellen.

Fertigstellung

1 Den Backofen auf 160° (Th. 4) vorheizen)

2 Die „Porreestreifen" in einer auf 170° geheizten Friteuse backen und auf Küchenpapier abtropfen lassen.

3 Den gewürzten Saft aufkochen und mit einem Schneebesen mit 40 g Butter verfeinern. Die roten und gelben Paprikawürfel hinzugeben.

4 Die Forellenscheiben 10 Minuten in den Backofen schieben. Beim Herausnehmen die Forellen mit Butter bestreichen, um den an die Oberfläche getretenen Eiweißstoff zu entfernen.

Für 4 Personen

4 Scheiben einer großen Forelle von 3 cm Dicke (à 150 g)
1/2 rote Paprikaschote
1/2 gelbe Paprikaschote
2 dl gewürzter Saft*
1 Porree
40 g Butter
1 Prise rosa Beeren*
Cayenne
Mignonnette (ungemahlener Pfeffer)
Salz und Pfeffer aus der Mühle

* Siehe Kapitel „Grundrezepte"

Anrichten
Den gewürzten Saft auf die vorgewärmten Teller verteilen, eine Forellenscheibe darauf legen, mit Mignonnette und roten Beeren überstreuen.
Mit der „Porree-Julienne" dekorieren.

Gegrillter Sankt-Petersfisch in Weinsauce, Kohlspitzen mit Kalmaren

Für 4 Personen

8 Streifen à 70 g Sankt-Petersfisch, in Filetrichtung geschnitten
200 g ganz kleine Kalmaren
4 Stiele glatte Petersilie
2 EL Weintraubenkernöl
Cayenne
Salz und Pfeffer aus der Mühle
Kohlspitzen:
500 g Weißkohl
50 g geräucherter Speck
1 neue Zwiebel
30 g Butter
Salz und Pfeffer aus der Mühle
Weinsauce:
2 Knoblauchzehen
2 Schalotten
7 dl Pinot Noir
1 dl Fischfond*
1 dl brauner Kalbsfond*
50 g Butter
Salz und Pfeffer aus der Mühle

Vorbereitung

1 Die Fischstücke ölen, mit Cayenne, Salz und Pfeffer würzen und auf einem mit Klarsichtfolie geschützten Teller kühl stellen.

2 Die Kohlblätter abblättern, die äußeren Blätter und mittleren Strünke entfernen und 1 Minuten in einem großen Topf mit kochendem Salzwasser blanchieren. Abschrecken und gut abtropfen lassen.

3 Den Speck in sehr feine 2 mm breite Julienne schneiden.

4 Die neue Zwiebel hacken und in einer kleinen luftdichten Schale kühl stellen.

5 Die abgetropften Kohlblätter jeweils in 4 oder 5 Stücke schneiden und in einem Abtropfsieb zur Seite stellen.

6 Für die Sauce, den Knoblauch und die Schalotte klein hacken, sie mit 20 g Butter in einen Topf geben und die Schalotte auf mittlerem Feuer glasig werden lassen. Mit 7 dl Pinot Noir, dem Fischfond und dem braunen Kalbsfond ablöschen und auf 1 dl Flüssigkeit einkochen lassen. Durch ein feines Sieb in einen anderen Topf gießen, um den Knoblauch und die Schalotte zu entfernen, salzen, pfeffern, und zur Seite stellen.

7 Die Kalmaren reinigen und sie grob hacken. Sie in einer mit Klarsichtfolie geschützten Schüssel kühl stellen.

Fertigstellung

1 Den Grill vorheizen.

2 Den Speck, die gehackte neue Zwiebel mit 30 g Butter in einer beschichteten Pfanne bei mittlerer Hitze anbraten, bis die Butter schäumt. Dann den Kohl hinzugeben, salzen und pfeffern, gut vermischen und auf kleinem Feuer 8 bis 10 Minuten schmoren lassen.

3 Die Weinsauce erwärmen und auf kleinem Feuer mit einem kleinen Schneebesen 30 g aufgeweichte Butter unterrühren.

4 Die Kalmaren in einem Tuch trocknen, mit Cayenne, Salz und Pfeffer würzen.

5 In einer kleinen Pfanne 1 El Weintraubenkernöl erwärmen, bis es raucht, die Kalmaren 20 Sekunden anbraten und in einem Sieb abtropfen lassen.

6 Die Fischstücke auf der Hautseite 40 Sekunden und auf der anderen Seite 20 Sekunden auf den Grill legen und auf einen Teller geben.

Anrichten
Auf einer Seite der vorgewärmten Teller eine kleine, mit Kalmaren gekrönte Kohlkuppel setzen.
Auf der anderen Seite etwas Sauce verteilen, 2 Fischstreifen darauf legen und mit glatter Petersilie dekorieren.

Wolfsbarsch in Butter mit Herzmuscheln und Liebstöckel

Für 4 Personen

1 Loup de mer (Wolfsbarsch) von 1,5 kg (bratfertig)
500 g Herzmuscheln
1 Schalotte
5 Liter Gemüsebrühe
3 Zweige Liebstöckel
5 Stengel Petersilie
1 Zweig Thymian
2,5 dl Weißwein
80 g Butter
Cayenne
Salz und Pfeffer aus der Mühle

* Siehe Kapitel Grundrezepte

Vorbereitung

1 Die Bauchhöhle des Fisches waschen und in Klarsichtfolie eingewickelt kühl stellen.

2 Die Herzmuscheln gründlich unter fließendem Wasser waschen.

3 Die Schalotte schälen und hacken.

4 Die Herzmuscheln in einem Topf mit der gehackten Schalotte, den Petersilienstengeln, dem Thymian und 2 dl Brühe öffnen. Das dauert zugedeckt etwa eine Minute. Sie sobald sie offen sind abtropfen lassen und den Kochsud filtern.

5 20 Herzmuscheln in ihrer Schale für die Dekoration behalten. Die anderen auslösen, die Bärte entfernen, sie im Kochsud schwenken und abtropfen lassen.

6 Diesen Kochsud nochmals durch ein mit einem feuchten Seihtuch (oder Gaze) ausgelegtes Sieb filtern, um den ganzen Sand zu beseitigen. Zur Seite stellen.

7 Alle Herzmuscheln in 2 dl Gemüsebrühe aufbewahren.

8 2 TL Liebstöckel-Blätter klein hacken und einen kleinen Büschel für die Dekoration behalten; vor Luft geschützt kühl stellen.

Fertigstellung

1 Den Rest der Gemüsebrühe sowie den Rest des Liebstöckels und den Weißwein in einem Fischkochtopf aufkochen lassen. Den Fisch 10 bis 12 Minuten eintauchen, wobei das Wasser nicht kochen darf, dann den Fischkochtopf vom Herd nehmen. Prüfen, ob der Fisch gar ist, indem Sie an einer der Gräten der großen Rückenflosse ziehen.

2 Den Fisch abtropfen lassen und die Haut abziehen.

3 1 dl des Muschelsuds und 1 dl der Fischbrühe in einen kleinen Topf gießen, auf 1 dl einkochen lassen, dann auf kleinem Feuer mit 80 g aufgeweichter Butter mit einem kleinen Schneebesen binden. Die abgetropften Herzmuscheln und die 2 TL gehackte Livèche hinzugeben. Abschmecken.

Anrichten
Den Fisch auf den Servierteller legen, mit der Butterbrühe und den Herzmuscheln übergießen.
Mit den 20 zurück behaltenen Herzmuscheln und dem kleinen Liebstöckel-Büschel dekorieren.

Lauwarmer, wilder Lachs mit Meersalz, Fenchelschaum mit Maussane-Öl

Für 4 Personen

4 Scheiben Lachs aus dem Filet (3 cm dick und 2,5 cm breit, mit Haut)
300 g Fenchel
1 EL Zitronensaft
1,5 dl Fischfond*
2 Viertel eingelegte Tomate*
Dill
1 Schuss Pastis (fakultativ)
20 g aufgeweichte Butter
Natives Olivenöl (möglichst Maussane-Öl)
Meersalz
Schwarzer Pfeffer Mignonnette
Salz und Pfeffer aus der Mühle

* Siehe Kapitel „Grundrezepte"

Vorbereitung

1 Die Lachsscheiben würzen und auf beiden Seiten großzügig mit Butter bestreichen, auf das Ofenblech legen und mit Klarsichtfolie zur Seite stellen.

2 Den Fenchel parieren, in dünne Scheiben schneiden und in kochendem Salzwasser gar kochen. Gut abtropfen lassen und mit 0,5 dl Fischfond mixen. Durch ein Sieb in einen andern Topf gießen, wenn nötig die Konsistenz verbessern, die wie eine Sauce sein soll, indem Sie einige Tropfen Fischfond hinzufügen. Salzen, pfeffern und nach Belieben einen Schuss Pastis hinzugeben. Zur Seite stellen.

3 Die eingelegte Tomate hacken.

4 Für die Olivenölsauce, 1 dl Fischfond in einem Topf auf 2 EL einkochen lassen. In eine Schüssel gießen, 1 EL Zitronensaft hinzufügen und mit 1 dl nativen Olivenöl aufschlagen. Zur Seite stellen.

5 Den Wert von 1 TL Dill klein hacken und vor Luft geschützt zur Seite stellen.

Fertigstellung

1 Den Backofen auf 160° (Th. 4) vorheizen.

2 Das Fenchelpüree erwärmen.

3 Die gehackte eingelegte Tomate und den gehackten Dill in die Olivenölsauce geben und mit Salz und Pfeffer abschmecken.

4 Den Lachs für 10 Minuten in den Backofen schieben.

5 Die Haut vom garen Fisch abziehen und ihn vorsichtig mit einem gebutterten Pinsel abwischen, um den während des Kochens an die Oberfläche getretenen Eiweißstoff zu entfernen.

Anrichten
Etwas Fenchelschaum in der Mitte der Teller verteilen.
Ihn mit Olivenölsauce umgeben.
Eine Lachsscheibe in die Mitte des Fenchelschaums legen und mit dem Meersalz und dem Mignonnette-Pfeffer würzen.
Den Teller mit einem kleine Dillzweig dekorieren.

Kabeljau-Schnitte mit Gewürzen „à la Boulangère"

Für 4 Personen

4 Scheiben Kabeljau von 4 cm Dicke
400 g Charlotte-Kartoffeln (oval und von gleichem Format)
1 neue Zwiebel
1 dl gewürzter Saft*
2 EL Creme zu 35 %
6 Schnittlauchhalme
4 Petersilienstiele
150 g Butter
4 EL geklärte Butter
1 TL Gewürzmischung*
Mehl
Salz und Pfeffer aus der Mühle

* Siehe Kapitel „Grundrezepte"

Vorbereitung

1 Die Kartoffeln schälen, in 2 mm dünne Streifen raspeln. Waschen, mit den Händen aus dem Wasser nehmen und in kaltem Wasser zur Seite stellen.
2 Die Kabeljauscheiben auf einem mit Klarsichtfolie geschützten Teller kühl stellen.
3 Den Schnittlauch hacken und vor Luft geschützt zur Seite stellen.
4 Die Zwiebel schälen und in dünne Scheiben schneiden. Vor Luft geschützt kühl stellen.

Fertigstellung

1 Die Kartoffeln abtropfen lassen und sorgfältig in einem Tuch abtrocknen.
2 Die Fischscheiben in etwas Mehl wenden, mit Salz und der Gewürzmischung würzen, mit Creme bepinseln und nochmals in Mehl wenden.
3 Die geklärte Butter in zwei großen Pfannen erhitzen und die Kartoffelscheiben braten, sie dabei gut voneinander trennen. Sobald sie schön goldgelb sind, das überschüssige Fett wegschütten, in jede Pfanne die Hälfte der zerkleinerten Zwiebel und 30 g Butter geben und bei Umrühren 2 Minuten weiterbraten lassen, ohne dass die Zwiebel anbrennt. Salzen und auf Küchenpapier abtropfen lassen.
4 In der gleichen Pfanne und bei starker Hitze die Kabeljauscheiben von jeder Seite 1 Minute braten, das Fett wegschütten und durch 30 g frische Butter ersetzen. Den Fisch 1 Minute weiterbraten lassen und dabei mit der schaumigen Butter begießen.
5 Den würzigen Saft erwärmen und bei kleiner Flamme mit einem kleinen Schneebesen 60 g aufgeweichte Butter unterrühren.

Anrichten
Die Kartoffeln in die Mitte der vorgewärmten Teller legen und die Kabeljauscheibe darauf setzen. Die Sauce um die Kartoffeln und etwas über den Fisch gießen.
Mit Schnittlauch überstreuen und den Teller mit Petersilie dekorieren.

Rötlingsfilets, Tomaten-Bourride und weiße Bohnen mit frittierten Kräutern

Für 4 Personen

4 Rötlinge à 150 bis 200 g (filetiert)
1 Bund Suppenkraut
(Thymian, Petersilie, Lorbeer)
1 Zwiebel mit eingespickter Gewürznelke
1/2 Lorbeerblatt
30 g eingelegte Tomate*
20 g Estragon
20 g glatte Petersilie
20 g gekräuselte Petersilie
20 g Livèche
Mehl
2 EL Weintraubenkernöl
1 EL Pimentöl*
Cayenne
Salz und Pfeffer aus der Mühle

Bourride:
50 g rohes Fischfleisch
1/2 Schalotte
25 g rohe Kartoffeln
1 Knoblauchzehe
0,7 dl + 1/2 EL natives Olivenöl
2 g Safranpulver
1 dl Fischfond*
0,5 dl Wasser
5 Tropfen Zitronensaft
Cayenne
Salz und Pfeffer aus der Mühle

Weiße Bohnen:
250 getrocknete weiße Bohnen (Cocos)
1 kleine mit einer Gewürznelke gespickte Zwiebel
1/2 Lorbeerblatt
2 EL natives Olivenöl
7 dl Wasser
Salz und Pfeffer aus der Mühle

* Siehe Kapitel „Grundrezepte“

Vorbereitung

1 Die Bohnen über Nacht in kaltem Wasser einweichen. Das Wasser am nächsten Morgen mehrmals wechseln. Sie in einen Topf geben, mit Wasser übergießen, die gespickte Zwiebel und den Lorbeer hinzufügen, aufkochen lassen und ganz langsam etwa anderthalb Stunden garen, bis sie schön zart sind. Erst in der zweiten Kochhälfte würzen. Sie im Kochwasser zur Seite stellen.

2 Vom Schwanz bis zum Kopf mit dem Finger über jedes Rötlingsfilet fahren, um die auf den beiden Seiten der mittleren Gräte verbliebenen kleinen Gräten zu finden, und sie mit einer Pinzette herausziehen. Auf einem mit Klarsichtfolie geschützten Teller kühl stellen.

3 Für die Bourride: Das Fischfleisch würfeln, die Kartoffel klein schneiden. Den Knoblauch und die Schalotte hacken, mit 1/2 EL Olivenöl in einen kleinen Topf geben, auf mittleres Feuer stellen und die Schalotte glasig werden lassen. Die Fischwürfel und Kartoffellamellen hinzufügen, mit Salz, Pfeffer und 2 g Safran würzen, mit dem Fond und Wasser ablöschen und auf kleiner Flamme kochen lassen, bis die Kartoffel zerfällt.

Das Ganze mixen und durch ein feines Sieb streichen. Mit einer Prise Cayenne und einigen Tropfen Zitronensaft abschmecken, dann die Bourride wie eine Mayonnaise mit dem Öl aufschlagen.

100 g dieser Bourride abwiegen, den Rest für andere Zwecke aufbewahren, denn weniger kann man nicht zubereiten !

4 Die eingelegte Tomate klein hacken und unter die 100 g Bourride mischen. Mit Klarsichtfolie schützen und kühl stellen.

5 Die Kräuter waschen und sortieren, sie sorgfältig abtrocknen und vor Luft geschützt kühl stellen.

Fertigstellung

1 Die Bohnen erwärmen und abschmecken.

2 Die Rötlingsfilets auf der Hautseite mit Mehl bestreichen und würzen.

3 Eine beschichtete Pfanne mit 1 EL Weintraubenkernöl stark erhitzen und die Rötlinge auf der Hautseite 40 Sekunden und auf der Fleischseite 20 Sekunden braten. Sofort aus der Pfanne nehmen und auf einen Teller legen.

4 Die Kräuter in einer auf 150° erhitzten Friteuse frittieren und auf Küchenpapier abtropfen lassen.

Anrichten

Bourride auf die Teller geben, 2 Rötlingsfilets V-förmig darauf legen.
An der Spitze des „V“ eine kleine Kuppel weiße Bohnen anordnen.
Etwas Pimentöl über die Filetrücken träufeln.

Thunfisch-Tournedos mit feinem Ratatouille und Grüner-Pfeffer-Vinaigrette

Für 4 Personen

4 Scheiben roten Thunfisch von 3 cm Dicke (aus dem Herzen des Filets)
200 g kleine Zucchini
200 g Aubergine
150 g roter Paprika
100 g gelber Paprika
50 g Zwiebel, 200 g Tomaten
1 Knoblauchzehe
1 Zweig Thymian
15 g grüner Pfeffer
1 Schalotte
2 EL Rotweinessig
0,5 dl Fischfond*
1 dl natives Olivenöl
1 EL Weintraubenkernöl
5 Blätter Basilikum
Feine Kräuter für die Dekoration
Cayenne
Salz und Pfeffer aus der Mühle

* Siehe Kapitel „Grundrezept"

Vorbereitung

1 Die Thunfischscheiben auf eine runde Tournedo-Form zuschneiden. Auf einem mit Klarsichtfolie geschütztem Teller kühl stellen (die abgeschnittenen Reste werden hier nicht gebraucht, Sie können sie als Tartar verzehren).

2 Die Zucchini und Aubergine waschen aber nicht schälen. In 1 cm große Würfel schneiden.

3 Die Zwiebel schälen und in 1 cm große Würfel schneiden. Den Knoblauch schälen und klein hacken.

4 Die Paprikas schälen, vierteln, die Körner und weißen Teile entfernen. Ein Viertel einer roten Paprika für die Sauce aufbewahren. Den Rest in 1 cm große Würfel schneiden.

5 Die Tomaten kreuzweise einritzen, 15 Sekunden in kochendes Wasser tauchen und sofort abschrecken. Schälen, entkernen und eine halbe Tomate für die Sauce behalten. Den Rest in 1 cm große Würfel schneiden.

6 2 EL Olivenöl in einer Pfanne stark erhitzen, die Auberginenwürfel hinzugeben, 4 Minuten bei Umrühren braten lassen, mit der Schaumkelle herausnehmen und auf Küchenpapier abtropfen lassen. Wenn nötig, Öl zugießen und die Zucchiniwürfel 4 Minuten braten. Ebenfalls auf Küchenpapier abtropfen lassen. Wenn nötig, Öl zugießen und die Zwiebel- und Paprikawürfel 4 Minuten braten, Knoblauch hinzufügen, eine Minute unter Umrühren weiterbraten, vom Feuer nehmen, und die abgetropften Aubergine- und Zucchiniwürfel wieder in die Pfanne geben, mit Thymian überstreuen und zur Seite stellen.

7 Das rote Paprikaviertel und die halbe Tomate in 3 mm kleine Stückchen schneiden (Brunoise). Die Tomaten-Brunoise vor Luft geschützt kühl stellen.

8 Für die Sauce, die Schalotte schälen und ganz klein hacken, mit 1 EL Olivenöl in einen kleinen Topf geben und auf mittlerem Feuer glasig werden lassen. Die Paprika-Brunoise hinzugeben und unter Umrühren 2 bis 3 Minuten weiterkochen lassen.

9 Die Basilikumblätter klein schneiden und in einer kleinen luftdichten Schale kühl stellen.

Fertigstellung

1 Den Grill vorheizen.

2 Den Topf mit dem Ratatouille wieder auf das Feuer stellen, die Tomatenwürfel hinzugeben, salzen und pfeffern, alles aufwärmen und mit Basilikum überstreuen.

3 Den kleinen Saucentopf aufwärmen, 2 EL Rotweinessig hinzugeben und dann mit einem Schneebesen 1 EL Olivenöl untermischen. Salzen und pfeffern und die rohe Tomaten-Brunoise sowie den grünen Pfeffer hinzufügen.

4 Die Thunfisch-Tournedos mit Cayenne, Salz und Pfeffer würzen, mit Weintraubenkernöl bestreichen und auf jeder Seite 2 Minuten auf den Grill legen.

Anrichten
Das Ratatouille in die Tellermitte setzen und die Tournedos darauf legen.
Mit etwas Sauce umranden.
Den Teller nach Belieben mit einem kleinen Strauss Kräutern dekorieren.

Seezungenfilets mit Muscheln an Buttersauce

Für 4 Personen

2 Seezungen à 700 g (filetiert)
20 Kammmuscheln
12 Miesmuscheln
20 Herzmuscheln
2 neue Porree
1 dl + 1 EL Gemüsebrühe*
0,5 dl Weißwein
50 g Kräuterbutter*
50 g Butter
1 TL rosa Beeren
6 Halme Schnittlauch
Cayenne
Salz und Pfeffer aus der Mühle

* Siehe Kapitel „Grundrezepte"

Vorbereitung

1 Die Seezungenfilets aufrollen und in eine gebutterte, hitzebeständige Schüssel setzen, mit Butter bepinseln, mit Cayenne, Salz und Pfeffer würzen, mit Klarsichtfolie abdecken und kühl stellen.

2 Die verschiedenen Muscheln waschen und bei Bedarf bürsten.

3 Die Mies- und Herzmuscheln gemeinsam mit 0,5 dl Weißwein auf starkem Feuer bei geschlossenem Topf etwa eine Minute öffnen. Abgießen, den Muschelsud durch ein mit einem feuchten Seihtuch (oder Gaze) ausgelegtes Sieb auffangen. Die Hälfte der Mies- und Herzmuscheln auslösen und in ihrem gefilterten Sud zur Seite stellen.

4 Die Kammuscheln öffnen und unter fließendem Wasser reinigen, genauso wie bei den Jakobsmuscheln. Auf einem mit Klarsichtfolie geschützten Teller kühl stellen.

5 Die Porrees waschen und parieren, durchschneiden, nur die grünen Blätter behalten, auf einem Brett flach schlagen und etwa 40 Längsstücke von 1 cm Größe ausschneiden. 3 Minuten in kochendem Salzwasser blanchieren, abschrecken, abtropfen lassen und zur Seite stellen.

6 Die Schnittlauchhalme zerkleinern und vor Luft geschützt kühl stellen.

Fertigstellung

1 Den Backofen auf 180° (Th. 5) vorheizen)

2 Die Mies- und Herzmuscheln aus dem Sud nehmen.

3 Diesen Sud und 1 dl Gemüsebrühe in die Kochschüssel der Seezungen gießen, mit Aluminiumpapier überdecken und 8 bis 10 Minuten in den Backofen schieben.

4 Wenn die Seezungen gar sind, auf einen Teller setzen und auf der geöffneten Ofentüre warm halten.

5 Ihren Kochfond in einen kleinen Topf gießen, auf kleiner Flamme mit einem kleinen Schneebesen mit der aufgeweichten Kräuterbutter binden. Wenn die ganze Butter untergerührt ist, die Kammmuscheln hinzufügen. 30 Sekunden warten, dann die Porreerauten, die Mies- und die Herzmuscheln zugeben. Von Herd nehmen und abschmecken.

Anrichten
Eine Seezungenrolle auf jeden vorgewärmten Teller setzen. Die Buttersaucen und die Muscheln um sie herum anordnen.
Mit Schnittlauch und rosa Beeren überstreuen.

Gebratener Wolfsbarsch mit kleinen Kartoffeln und Estragonsaft

Für 4 Personen

1 Loup de mer (Wolfsbarsch) von 1,5 kg (filetiert, ohne den dünnen Teil des Schwanzes, jedes Filet in 2 dicke Schnitzel geschnitten, ohne Haut und Gräte)
300 g Ratte-Kartoffeln (alle von gleicher, ovaler Form)
1 dl Weißwein
1 EL Rotweinessig
1 EL Balsamico-Essig
1 große Schalotte
50 g Estragon
20 g Petersilie
20 g Butter
50 g geklärte Butter
0,5 dl Haselnussöl
0,5 dl Weintraubenkernöl
Cayenne
Salz und Pfeffer aus der Mühle

Vorbereitung

1 Etwas Estragon und Petersilie für die Dekoration aufbewahren und vor Luft geschützt zur Seite stellen. Einerseits die Petersilie mit der Hälfte des Estragons und andererseits den Rest des Estragons klein hacken.

2 Die Kartoffeln schälen, die Enden abschneiden und in regelmäßige, zylinderförmige Stücke schneiden, dann jedes Stück in 1 mm dicke Scheiben raspeln.

3 Die Fischschnitzel auf der Hautseite buttern, mit Cayenne, Salz und Pfeffer würzen und großzügig mit der gehackten Petersilie- und Estragonmischung bestreuen. Dann die Kartoffellamellen schuppenförmig darauf legen. Auf einem mit Klarsichtfolie geschützten Teller kühl stellen.

4 Für den säuerlichen Saft die Schalotte schälen und klein hacken. Mit dem Weißwein in einen kleinen Topf geben, auf 4 EL einkochen lassen, den Wein- und Balsamico-Essig hinzufügen und zur Seite stellen.

Fertigstellung

1 Die geklärte Butter stark in einer großen beschichteten Pfanne erhitzen und die 4 Fischschnitzel mit der Kartoffelseite nach unten 4 bis 5 Minuten anbraten. Sobald die Kartoffeln schön goldgelb sind, die Schnitzel höchstens 30 Sekunden umdrehen und aus der Pfanne nehmen, um den Bratvorgang zu stoppen.

2 Gleichzeitig den säuerlichen Saft erwärmen, 1/2 dl Haselnussöl und 1/2 dl Weintraubenkernöl unterrühren. Mit einem Handmixer schaumig schlagen, abschmecken und den gehackten Estragon hinzufügen.

Anrichten
Die Fischschnitzel in die Mitte der vorgewärmten Teller legen, den säuerlichen Estragonsaft um sie herum gießen.
Mit einigen Estragon- und Petersiliezweigen dekorieren.

Gebratenes Seezungenstück mit Porree und Tomatensauce mit Kräutern

Für 4 Personen

2 Seezungen à 900 g*
20 Kammuscheln
8 fingergroße, neue Porrees
2 mittelgroße, violette Artischocken
1/2 Zitrone
1 kleine Zwiebel
1 dl Weißwein
4 Kirschentomaten
2 große, reife Tomaten
6 schwarze Oliven
0,5 dl Fischfonds**
80 g Kräuterbutter**
1 Zweig Dill
20 g Butter
2 EL geklärte Butter
2 EL Creme zu 35 %
Mehl
2 EL natives Olivenöl
Cayenne
Salz und Pfeffer aus der Mühle

* Mit abgeschnittenen Köpfen und filetiert. Bitten Sie den Fischhändler ebenfalls, die Gräte dem Rückgrat entlang zu schneiden, die Flossen und den Schwanz über die ganze Länge der Seezunge abzuschneiden der für diesen Gebrauch zu dünn ist, und den Rücken in 2 gleiche Teile zu schneiden. Die Bauchfilets werden für dieses Rezept nicht benutzt.
** Siehe Kapitel „Grundrezepte".

Anrichten
Die Seezungenstücke auf die vorgewärmten Teller legen. Die mittlere Gräte vorsichtig nach unten ziehen, damit man sie sieht, ohne sie jedoch abzulösen.
Die Artischockenfächer an einem Ende, die neuen Porrees auf einer Seite, die grünen Porreestückchen mit den Kammmuscheln auf der anderen Seite, und die Tomatensauce unten anordnen.
Um Tellerrand gleichmäßig Kräuterbutterkleckse verteilen und mit den gehackten Oliven bestreuen.
Den Teller mit kleinen Dillspitzen dekorieren.

Vorbereitung

1 Die Kammuscheln wie Jakobsmuscheln öffnen, die Nüsse herausnehmen und unter kaltem Wasser waschen. Auf einem mit Klarsichtfolie geschützten Teller zur Seite stellen.
2 Die 2 ersten Blätter der Porrees entfernen, parieren, waschen, auf 10 cm verkürzen, 3 Minuten in kochendem Salzwasser blanchieren, abschrecken und abtropfen lassen.
3 Den grünen Teil der Porrees in schräge, 2 cm große Stücke schneiden und vor Luft geschützt kühl stellen.
4 Den Artischockenstiel auf 4 cm verkürzen. Die Blätter auf ein Drittel ihrer Höhe abschneiden. Dann jede Artischocke wie einen Apfel schälen und am Stiel spitzenförmig schneiden. Die Böden und Stengel mit Zitronensaft beträufeln. Die Zwiebel schälen und in Scheiben schneiden. Die Zwiebelscheiben in einen kleinen Topf geben, die Artischockenböden darüber legen, 1 cm Weißwein und Wasser bis zur mittleren Höhe des Gemüses eingießen.
Salzen, pfeffern und eine halbe Stunde sieden lassen.
5 Dann die Artischockenböden (einschl. Stiel) durchschneiden, das Innere entfernen und die halben Böden fächerförmig einschneiden, wobei sich die Herzen nicht vom Stiel lösen dürfen. In einer kleinen mit 1 TL Olivenöl eingestrichene Pfanne mit zum Pfannenboden gerichteter Außenseite zur Seite stellen.
6 Die Oliven entkernen und in 2 mm kleine Würfel schneiden (Brunoise). Zur Seite stellen.
7 Für die Tomatensauce, die Tomaten kreuzweise einschneiden, 15 Sekunden in kochendes Wasser tauchen, sofort abschrecken. Schälen, entkernen, in Stücke schneiden, durchmixen und dann durch ein feines Sieb streichen. Diesen Brei in einen kleinen Topf gießen und auf den Hälfte einkochen lassen. Vom Herd nehmen, 1 EL Olivenöl unterrühren, würzen und zur Seite stellen.
8 Für die Kräuterbutter, den Fischfond in einen kleinen Topf gießen, auf 1 EL einkochen lassen und zur Seite stellen.

Fertigstellung

1 Die Seezungenstücke mit Cayenne, Salz und Pfeffer würzen, mit etwas Creme bepinseln und in Mehl wenden.
2 Die Porrees mit 1 EL Wasser und 5 g Butter erwärmen und würzen.
3 Die grünen Porreestücke 3 bis 4 Minuten mit 1 EL Wasser und 10 g Butter blanchieren, wobei sie noch fest bleiben müssen. Würzen.
4 Die Pfanne mit den Artischocken auf die heiße Herdplatte stellen und auf beiden Seiten anbraten.
5 Die Tomatensauce erwärmen und wenn nötig kurz durchmixen.
6 Den eingekochten Fischfond erwärmen und mit einem kleinen Schneebesen die aufgeweichte Kräuterbutter unterrühren. Würzen, vom Herd nehmen und zudecken.
7 Eine beschichtete Pfanne mit 2 EL geklärter Butter erwärmen. Die Seezungenstücke in die warme, aber nicht zu heiße Pfanne legen. 3 Minuten warten, umdrehen und 20 g Butter hinzufügen, dann nochmals 4 Minuten braten lassen und dabei ständig mit der schaumigen Butter übergießen. Die Pfanne vom Herd nehmen und die Seezungen auf einem Teller warm halten.
8 Die Kammuscheln salzen und pfeffern, sie 20 Sekunden in der gleichen Pfanne wie die Seezungen anbraten. Herausnehmen.

Schaltiere und Muscheln

Bretonischer Hummer mit Nussöl und Safran-Vinaigrette, knusprige Endivien

Für 4 Personen

2 bretonische Hummer à 500 g
4 kleine Endivien
40 g gemischter Salat
5 g Safranpulver
2 g Safranstempel
0,5 dl Hummerfond*
1 EL Nussöl
2 TL Olivenöl
1 TL Weinessig
1,5 EL Sherryessig
2 TL Erdnussöl
30 g Butter
14 Halme Schnittlauch
1 TL englischer Senf
Cayenne
Salz und Pfeffer aus der Mühle

* Siehe Kapitel „Grundrezepte“

Vorbereitung

1 In einem großen Topf Salzwasser aufkochen, die Hummer hineingeben, anderthalb Minuten aufkochen und sie abtropfen lassen. Scheren und Beine abnehmen und das Fleisch auslösen. Den Panzer abnehmen, die Schwänze in Längsrichtung halbieren, den schwarzen Darm entfernen. Das Fleisch mit aufgeweichter Butter bepinseln und auf einem mit Klarsichtfolie geschützten Teller kühl stellen.

2 Den gemischten Salat waschen und abtrocknen.

3 24 große Endivienblätter abblättern und vor Luft geschützt kühl stellen.

4 In einer Schüssel 1 TL englischen Senf, 1 TL Nussöl, 1,5 TL Sherryessig, Salz und Pfeffer mischen und den Hummerfond hinzugeben. Zur Seite stellen.

5 In einer Schale mit 1 TL Weinessig, 2 TL Olivenöl, Salz und Pfeffer eine andere Vinaigrette anrühren.

6 8 ganze Schnittlauchhalme aufbewahren. 6 andere Halme sehr klein schneiden. Vor Luft geschützt kühl stellen.

Fertigstellung

1 Die Endivienblätter mit Safranpulver, Salz und Pfeffer würzen und in 1 EL Erdnussöl wenden.

2 In einer Pfanne 1 EL Erdnussöl erhitzen und die Endivienblätter kurz anbraten. Auf Küchenpapier zur Seite stellen.

3 Das Hummerfleisch mit Salz, Cayenne und Safranpulver würzen.

4 30 g Butter in einer Pfanne schaumig werden lassen und die Hummerschwänze 1 Minute auf der Fleischseite und 2 Minuten auf der Schalenseite erwärmen. Aus der Pfanne nehmen.

Man kann sie ebenfalls im Backofen bei 220° (Th. 7) erwärmen.

5 In der gleichen Butter die Zangen und Beine 1 Minute anbraten. Aus der Pfanne nehmen.

6 Den gemischten Salat in der Olivenöl-Vinaigrette wenden.

7 Die halben Hummerschwänze jeweils in 4 Stücke schneiden und in der Hummersaucen-Vinaigrette wenden.

Anrichten
In der Tellermitte einen halben Hummerschwanz mit nach oben gerichteter Schale wieder zusammensetzen, eine Schere und das Beinfleisch hinzufügen.
Darüber einen Fächer aus Endivienblättern anordnen.
Gemischten Salat darüber verteilen.
Die Hummerschwänze am oberen Teil mit 2 Schnittlauchhalmen dekorieren.
Den gehackten Schnittlauch und die Safranstempel über die Endivien streuen.
Das Ganze mit Hummersaucen-Vinaigrette umranden.

Dieses Rezept ist als Vorspeise vorgesehen.

Blauer Hummer in der Suppenschüssel, Estragonbrühe und Safran-Rouille

Für 4 Personen

4 bretonische Hummer à 400 g
5 dl Gemüsebrühe*
100 g Mirepoix (Karotte, grüner Porreeteil und Sellerie in 0,5 cm großen Würfeln)
100 g Karotte
100 g grüner Porreeteil
100 g Sellerie
3 Knoblauchzehen
1 Bund Suppengrün (Thymian, Petersilie, Lorbeer)
1 Stück Orangenschale 3 x 6 cm
1 Piment
30 g Estragon
1 EL natives Olivenöl
100 g Butter
2 EL Pimentöl*
4 EL Safran-Rouille*
Cayenne
Salz und Pfeffer aus der Mühle

* Siehe Kapitel „Grundrezepte"

Vorbereitung

1 In einem großen Topf Salzwasser aufkochen, die Hummer hineingeben, anderthalb Minuten aufkochen und sie abtropfen lassen. Die Panzer und Scheren abnehmen. Die Scheren und Schwänze (nicht herausgelöst) auf einem mit Klarsichtfolie geschützten Teller kühl stellen.

2 Für die Hummerbrühe die Panzer (nach entfernen der Sandtasche) zermahlen und 3 bis 4 Minuten in Olivenöl schwitzen lassen, dann die Mirepoix und die ungeschälten Knoblauchzehen hinzugeben, 3 Minuten weiterkochen lassen und mit der Gemüsebrühe ablöschen. Die ganze Pimentschote, die Orangenschale und das Suppengrün hinzufügen und 20 Minuten auf kleinem Feuer kochen lassen. Durch ein mit einem feuchten Seihtuch oder mit Gaze ausgelegtes Sieb gießen.

3 Karotten und Sellerie schälen, zunächst in 3 mm dicke Scheiben und dann in 1 cm große Dreiecke schneiden und getrennt 3 Minuten in der Hummerbrühe blanchieren. Mit der Schaumkelle herausnehmen, abschrecken, abtropfen lassen und zur Seite stellen.

4 Die grünen Porreeblätter abblättern und in 1 cm große Dreiecke schneiden, ebenfalls in der Hummerbrühe blanchieren, bis sie weich sind, mit der Schaumkelle herausnehmen, abschrecken und zur Seite stellen. Die Brühe kühl stellen.

5 Den Estragon klein schneiden und vor Luft geschützt kühl stellen.

Fertigstellung

1 Die Hummerbrühe aufkochen lassen, die nicht herausgelösten Hummerschwänze und Scheren eintauchen, 5 Minuten sieden lassen, herausnehmen, das Fleisch herauslösen und auf der Backofentür warm halten.

2 Die Hummerbrühe in einen Topf filtern, aufkochen lassen und auf kleiner Flamme mit einem kleinen Schneebesen 100 g aufgeweichte Butter unterrühren.

Abschmecken und die Gemüsedreiecke sowie den gehackten Estragon hinzufügen.

Anrichten
In jeden vorgewärmten Suppenteller einen Hummerschwanz und 2 Scheren legen. Mit dem Viertel der heißen Gemüse- und Estragonbrühe übergießen. Mit 1 EL Safran-Rouille garnieren.

(Die o.g. Proportionen reichen für eine Hauptspeise. Für eine Vorspeise nur einen halben Hummer pro Person servieren, aber nichts an den anderen Mengen ändern.)

Bretonischer Hummer nach Müllerin Art mit Erbsen und Liebstöckel-Fond

Für 4 Personen

4 bretonische Hummer à 400 g
500 g tiefgefrorene extrafeine Erbsen
1 große Schalotte
1 Zweig Liebstöckel
2,5 dl Hummerfond*
2 EL Creme zu 35 %
1 TL Cognac
80 g Butter
Cayenne
Salz und Pfeffer aus der Mühle

* Siehe Kapitel „Grundrezepte“

Vorbereitung

1 In einem großen Topf Salzwasser aufkochen, die Hummer hineingeben, anderthalb Minuten aufkochen und sie abtropfen lassen. Den Panzer abnehmen, die Schwänze in Längsrichtung halbieren, den schwarzen Darm entfernen. Die Scheren und Gelenke auslösen. Das Fleisch mit aufgeweichter Butter bepinseln und auf einem mit Klarsichtfolie geschützten Teller kühl stellen.

2 Für die Dekoration der Teller (fakultativ), die Panzer leeren und 4 cm seines oberen Teils aufbewahren. In kochendem Wasser blanchieren, bis sie rot werden, abtropfen lassen und zur Seite stellen.

3 Die noch gefrorenen Erbsen in einen Topf mit kochendem Wasser schütten, kurz aufkochen und abtropfen lassen, abschrecken und nochmals abtropfen lassen.

4 Zum Garnieren 40 g Erbsen zur Seite stellen.

5 Den Rest der Erbsen gut abtrocknen und durch die Gemüsemühle drehen, dann durch ein feines Sieb streichen, um ein schönes glattes Püree zu erhalten. In einem geschlossenen Behälter aufbewahren.

6 Für die Sauce, den Hummerfond mit dem klein geschnittenen Livèche-Zweig aufkochen und bis zu einer sirupartigen Konsistenz einkochen lassen.

Abschmecken, Cognac und Creme hinzufügen, durch ein feines Sieb gießen und in einem Topf zur Seite stellen.

7 Die Schalotte klein hacken und vor Luft geschützt kühl stellen.

8 Die Livèche-Blätter hacken und vor Luft geschützt kühl stellen.

Fertigstellung

1 Den Backofen auf 180° (Th. 5) vorheizen.

2 Die Schwänze und Scheren des Hummers mit Cayenne, Salz und Pfeffer würzen.

3 In einer großen Pfanne 30 g Butter erhitzen, die Scheren und halben Hummerschwänze (Fleischseite nach unten) hinein legen, die gehackte Schalotte hinzugeben, 30 Sekunden warten, umdrehen, und 5 Minuten in den Backofen schieben.

4 Das Erbsenpüree erwärmen, 20 g Butter unterrühren, abschmecken.

5 Die für die Dekoration zurückbehaltenen Erbsen 20 Sekunden in kochendes Wasser geben und abtropfen lassen.

6 Die Saucenbasis erwärmen, mit einem kleinen Schneebesen bei kleinem Feuer mit 30 g Butter binden. Den gehackten Liebstöckel hinzufügen und abschmecken.

7 Wenn die Hummerschwänze gar sind, drei Viertel des Fleisches aus der Schale lösen, ohne es jedoch komplett abzutrennen. Den leeren Teil der Schale mittels eines Spritzbeutels mit dem Erbsenpüree füllen.

Anrichten
2 halbe Hummerschwänze auf jeden vorgewärmten Teller legen, mit 2 Scheren und einem Hummerkopf (fakultativ) garnieren.
Mit Sauce umranden und die ganzen Erbsen harmonisch darum verteilen.

Die Proportionen des obigen Rezepts reichen für eine Hauptspeise. Für eine Vorspeise genügt ein halber Hummer pro Person und die Hälfte des Erbsenpürees.

Hummer und Langustinen in Merlot-Weinsauce

Für 4 Personen

2 bretonische Hummer à 400 g
8 Langustinenschwänze (Format 9)
8 junge fingergroße Porrees
1 EL geklärte Butter
35 g Butter
Cayenne
Salz und Pfeffer aus der Mühle
Merlot-Sauce:
2 Schalotten
1 Prise Zucker
1/4 Lorbeerblatt
3 dl Merlot
20 g Butter
Salz und Pfeffer aus der Mühle
Mousseline-Sauce:
1 dl Weißwein
2 Eigelbe
2 Schalotten
40 g Butter
1 Zweig Dill
Salz und Pfeffer aus der Mühle

Anrichten
Einen Löffel Weinsauce in die Tellermitte gießen, glatt streichen, ohne jedoch den ganzen Teller zu bedecken. Rechts unten zwei Langustinen schräg anordnen. Die Langustinen mit 2 Porrees verlängern. Den halben Hummerschwanz in 3 Stücke schneiden, wieder zusammensetzen und links unten auf den Teller legen. Zwischen dem Hummer und den Langustinen einen Löffel Mousseline-Sauce gießen. Um den Tellerrand etwas Porree verteilen.

Vorbereitung

1 In einem großen Topf Salzwasser aufkochen, die Hummer hineingeben, anderthalb Minuten aufkochen und sie abtropfen lassen.
Die Panzer, Scheren und Füße abnehmen. Die Schwänze und Scheren komplett auslösen, mit etwas aufgeweichter Butter bepinseln und auf einem mit Klarsichtfolie geschützten Teller kühl stellen.
2 Die Sandtaschen vorsichtig aus den Panzern entfernen und die letzteren fein mahlen.
3 4 Schalotten fein hacken.
4 Für die Merlot-Sauce den gemahlenen Panzer, die Hälfte der gehackten Schalotten, 1/4 Lorbeerblatt, 1 Prise Zucker und 3 dl Merlot in einen Topf geben. Auf mittlerem Feuer erwärmen, abschöpfen und auf 1 dl einkochen lassen. Zur Seite stellen.
5 Die Langustinenschwänze herauslösen, den schwarzen Darm entfernen und auf einem mit Klarsichtfolie geschützten Teller kühl stellen.
6 Die Porrees sorgfältig waschen, den grünen Teil auf 5 cm verkürzen. Den Rest des dunkelgrünen Teils dann so einschneiden als handelte es sich um das Ende einer Papillote. 5 Minuten in kochendem Salzwasser garen und abschrecken. Den weißen Teil auf 3 cm verkürzen, die Porrees in einer kleinen hitzefesten Schüssel anordnen, mit Klarsichtfolie abdecken und zur Seite stellen.
7 Den restlichen rohen grünen Porreeteil in sehr feine,1 mm kleine Scheiben schneiden, mit 15 g Butter in einen Topf geben, 3 bis 4 Minuten auf starkem Feuer garen und vom Herd nehmen. Zur Seite stellen.
8 Für die Mousseline-Sauce, den Rest der gehackten Schalotten und 1 dl Weißwein in einen kleinen Topf geben, 3 Minuten aufkochen lassen, filtern, um die Schalotte zu entfernen, wieder in den Topf geben und zur Seite stellen.
9 Die Dillblätter fein hacken und vor Luft geschützt kühl stellen.

Fertigstellung

1 Den Backofen auf 200° (Th. 6) vorheizen).
2 Ein Butterstückchen auf jeden halben Schwanz und jede Hummerschere legen, würzen und auf einem hitzebeständigen Teller anordnen.
3 Einige Butterflöckchen über die Porrees streuen.
4 Den Hummer- und den Porreeteller 3 Minuten in den Backofen schieben.
5 Den eingekochten Weißwein leicht erwärmen, 2 Eigelbe hinzufügen und auf sehr kleiner Flamme oder im Wasserbad aufschlagen. Wenn der Schaum beginnt, dicker zu werden, 40 g aufgeweichte Butter unterschlagen, den gehackten Dill zugeben und würzen. Vom Herd nehmen.
6 Den eingekochten Merlot aufkochen und mit dem Schneebesen 20 g Butter unterrühren. Abschmecken und vom Herd nehmen.
7 Die Langustinen würzen. 1 EL geklärte Butter in einer Pfanne erhitzen, die Langustinen 30 bis 40 Sekunden auf jeder Seite anbraten und sofort auf Küchenpapier abtropfen lassen.
8 Den Porree kurz aufwärmen.

Langustinen mit Piment-Aioli und gebackene Muscheln mit Sesamkörnern

Für 4 Personen

12 sehr große Langustinen (Format 6/9)
40 Bouchot-Muscheln
1 dl Weißwein
1 Zwiebel
Ca. 50 g Sesamkörner
1 Ei
2 bis 4 EL Mehl
4 EL Weintraubenkernöl
4 Zweige frischer Koriander
Cayenne, Salz und Pfeffer aus der Mühle
Piment-Aioli:
1 Piment
2 Eigelbe
2 geschälte Knoblauchzehen
1,5 dl natives Olivenöl
Etwas Zitronensaft
Salz und Pfeffer aus der Mühle

Vorbereitung

1 Die Langustinen herauslösen, den letzten Ring des Panzers bewahren. Den Darm mit der Messerspitze entfernen und sie auf einem mit Klarsichtfolie geschützten Teller kühl stellen.

2 Die Muscheln unter fließendem Wasser bürsten und zum öffnen sie mit gehackten Zwiebeln und Weisswein in Topf geben und eine Minute köcheln lassen. Den Topf dabei mehrmals schütteln. Abtropfen und abkühlen lassen, sie vorsichtig aus ihrer Schale lösen. Auf einem Tuch trocknen lassen.

3 Das Mehl, das geschlagene Ei und die Sesamkörner in 3 verschiedene Suppenteller geben und die Muscheln nacheinander darin wenden. Auf einem mit Klarsichtfolie geschützten Teller kühl stellen.

4 Für das Piment-Aioli, den Knoblauch in einem Mörser zermahlen, die Eigelbe hinzufügen, salzen und pfeffern, dann die Sauce mit etwas Öl aufschlagen. Wenn sie zu dick ist, mit 1 EL warmem Wasser verdünnen. Einige Tropfen Zitronensaft hinzufügen. Die Pimentschote öffnen, entkernen und pürieren. Je nach Ihrem Geschmack mehr oder weniger von diesem Püree in das Aioli geben und zugedeckt zur Seite stellen.

Fertigstellung

1 Die Muscheln in 3 EL sehr heißem Weintraubenkernöl in der Pfanne rösten. Auf Küchenpapier abtropfen lassen.

2 Die Langustinen mit Cayenne, Salz und Pfeffer würzen und in 1 EL sehr heißem Weintraubenkernöl auf jeder Seite 50 Sekunden braten. Sofort auf Küchenpapier abtropfen lassen.

Anrichten
Auf den oberen Teil der vorgewärmten Teller jeweils 3 Langustinen fächerförmig mit zur Tellermitte gerichtetem Schwanz anordnen.
Einen Löffel Aioli darunter geben und die gebackenen Muscheln darunter verstreuen.
Mit einem Korianderzweig dekorieren.

Gebratene Langustinen mit Rosmarincreme und Linsen

Vorbereitung

1 Die Linsen zubereiten und in ihrem Kochsud zur Seite stellen.

2 Den Kopf der Langustinen abziehen. Die Schwänze herauslösen und die letzten beiden Ringe behalten. Den schwarzen Darm entfernen. Auf einem mit Klarsichtfolie geschützten Teller kühl stellen.

3 Den Langustinen-Fond mit einem Rosmarinzweig auf die Hälfte einkochen lassen, die Creme hinzufügen und auf kleinem Feuer weiterkochen lassen, bis die Sauce schön cremig ist und am Löffelrücken haftet.

Durch ein feines Sieb in einen anderen Topf filtern, mit Salz, Pfeffer und Cayenne würzen, mit einigen Tropfen Zitronensaft abschmecken und zur Seite stellen.

4 Die Petersilienblätter grob zerkleinern und vor Luft geschützt zur Seite stellen.

Fertigstellung

1 Die Linsen abtropfen lassen, mit 20 g Butter erwärmen, abschmecken und die zerhackte Petersilie hinzufügen.

2 Die Sauce erwärmen.

3 Die Langustinenschwänze mit Salz, Pfeffer und Cayenne würzen und in einer beschichteten Pfanne mit heißer geklärten Butter auf beiden Seiten 30 Sekunden anbraten, dann sofort auf Küchenpapier abtropfen lassen.

Für 4 Personen

12 Langustinen (Größe 9/12)
100 g Linsen*
1 dl Langustinen-Fond**
2 dl Creme zu 35 %
2 Zweige Rosmarin
2 Zweige glatte Petersilie
Etwas Zitronensaft
20 g Butter
20 g geklärte Butter
Cayenne
Salz und Pfeffer aus der Mühle

* Siehe Kapitel „Warme Vorspeisen“ Rezept des Leckeren Entenstopfleber-Ragouts
** Siehe Kapitel „Grundrezepte“

Anrichten
Jeweis 3 Langustinen mit nach außen gerichtetem Schwanz in die Mitte der vorgewärmten Teller legen.
Die Linsen um sie herum verteilen.
Zwischen den Langustinen einen kleinen Löffel Sauce gießen.
Mit Rosmarin dekorieren.

Jakobsmuschelpfanne mit Endivien und Limone

Für 4 Personen

12 große frische Jakobsmuscheln
1 dl Jakobsmuschen-Fond*
1 große Schalotte
25 g Ingwerwurzel
0,5 dl Portwein
1 dl Creme zu 35 %
500 g Endivien
1 Zitrone
1 Limone
70 g Butter
20 g geklärte Butter
24 Zwiebelblüten (fakultativ)
Cayenne
Salz und Pfeffer aus der Mühle

* Siehe Kapitel „Grundrezepte"

Vorbereitung

1 Die Jakobsmuscheln öffnen, sorgfältig unter fließendem Wasser waschen, die Bärte entfernen und zur Seite stellen, die Nüsse und die Koralle trennen. Die Bärte für die Zubereitung des Jakobsmuschel-Fond behalten.

2 2 Zwiebelblumen in jede Nuss stecken und auf einem mit Klarsichtfolie geschützten Teller kühl stellen.

3 Die Koralle in kochendem Salzwasser blanchieren, abtropfen lassen und in 3 mm große Würfel schneiden. Vor Luft geschützt zur Seite stellen.

4 Die Limonen unter warmem Wasser bürsten und gut abtrocknen. Die Schale abschälen. Dann mit einem spitzen Messer den ganzen weißen Film unter der Schale abziehen. Sie in eine lange 1 mm breite Julienne schneiden. 2 Minuten in kochendem Wasser blanchieren, abschrecken, abtropfen lassen und zur Seite stellen.

5 Die äußeren Blätter der Endivien entfernen und sie wie folgt beschneiden:

Die Endivie in der linken Hand halten und schräg etwa 1,5 cm große Stücke abschneiden, die Endivie dabei jedes Mal um 1/4-Drehung drehen. Die Stücke gut auseinander blättern und in einem gut geschlossenen Plastikbeutel kühl stellen.

6 Das Ingwerstück schälen und hacken. Die Schalotte hacken. Mit einer Nussbutter in einen Topf geben und die Schalotte auf mittlerem Feuer glasig werden lassen. Mit dem Portwein und 1 dl Jakobsmuschel-Fond ablöschen, und auf die Hälfte einkochen lassen. Die Creme hinzufügen und auf eine cremige Sauce einkochen lassen. 40 g aufgelöste Butter mit einem kleinen Schneebesen unterrühren, durch ein feines Sieb in einen andern Topf gießen und zur Seite stellen.

Fertigstellung

1 Die Sauce erwärmen, salzen, pfeffern und mit Limonen-Saft abschmecken, mit einem Handmixer schaumig schlagen und die Korallenwürfel hinzufügen. Warm stellen.

2 Die Endivien in eine Salatschüssel geben, mit 1 Prise Zucker, Salz, Pfeffer und 2 EL Zitronensaft würzen und gut mit Ihren Händen durchmischen.

3 In einer großen beschichteten Pfanne 30 g Butter erwärmen, die Endivien hineingeben und höchstens 3 Minuten auf sehr großer Flamme umrühren, da sie sonst zu weich werden würden.

4 Gleichzeitig die Jakobsmuscheln würzen und in der sehr heißen geklärten Butter 1 Minute auf jeder Seite anbraten. Sofort auf Küchenpapier abtropfen lassen.

Anrichten
Die Endivien in die Tellermitte legen,
3 Jakobsmuschelnüsse darauf anordnen.
Die Sauce um die Endivien gießen.
Mit der Limonen-Julienne bestreuen.

Gegrillte Jakobsmuscheln mit Thymian, Kürbiscreme und Räucherspeck

Für 4 Personen

12 große frische Jakobsmuscheln
6 dünne Scheiben Räucherspeck
14 Zweige Thymian
1 Orange
1 Sardellenfilet (fakultativ)
4 große schwarze Oliven
5 EL natives Olivenöl
Cayenne, Salz und Pfeffer aus der Mühle
Kürbiscreme:
150 g netto Kürbisfleisch
30 g Bintje-Kartoffeln
1 Zwiebel
20 g Butter
2 dl Jakobsmuschel-Fond
1,5 dl Creme zu 35 %
Muskatnuss
Salz und Pfeffer aus der Mühle
Weiße Bohnen:
100 g weiße Bohnen (Cocos)
1/2 mit einer Gewürznelke gespickte Zwiebel
1 Bund Suppenkraut (Thymian, Petersilie, Lorbeer)
1/2 Lorbeerblatt
Salz

* Siehe Kapitel „Grundrezepte“

Anrichten
Die Kürbiscreme mit den weißen Bohnen auf die vorgewärmten Teller verteilen.
3 Jakobsmuscheln darauf legen und in jede Muschel senkrecht 2 halbe geröstete Speckscheiben und 1 Thymianzweig stecken.
Die restlichen Korallenwürfel über die Kürbiscreme streuen.

Vorbereitung

1 Die weißen Bohnen am Vortag in kaltes Wasser einweichen und in den Kühlschrank stellen.

2 Die Muscheln unter fließendem Wasser öffnen, die Nuss und die Koralle herausnehmen, die Bärte für den Fonds aufbewahren. Die Nüsse auf einem mit Klarsichtfolie geschützten Teller kühl stellen.

3 Die Korallen 2 Minuten in kochendem Salzwasser blanchieren, in 3 mm große Würfel schneiden und bei Raumtemperatur zur Seite stellen.

4 Wenn die Bohnen 12 Stunden eingeweicht sind, sie mit reichlich Wasser abspülen und mit der halben, gespickten Zwiebel, dem Suppenkraut und dem Lorbeerblatt in einen Topf geben und mit Wasser abdecken. Je nach Ihrer Qualität und der Einweichdauer anderthalb bis 2 Stunden kochen lassen.

Erst nach drei Viertel der Kochzeit salzen und darauf achten, dass die Bohnen stets mit Wasser bedeckt sind. In ihrem Kochwasser zur Seite stellen.

5 Für die Kürbiscreme: eine Zwiebel klein hacken, die Kartoffel schälen und klein hacken, den Kürbis in 1 cm große Würfel schneiden. Die gehackte Zwiebel und 20 g Butter in einen Topf geben, und die Zwiebel auf mittlerem Feuer glasig werden lassen. Den Kürbis und die Kartoffel hinzugeben, mit 2 dl Jakobsmuschel-Fond ablöschen und 10 Minuten kochen lassen. 1,5 dl Creme hinzufügen, 2 Minuten aufkochen lassen und vom Herd nehmen. Mit Salz, Pfeffer und einer Prise Muskatnuss würzen, durch ein feines Sieb in einen anderen Topf gießen und zur Seite stellen.

6 Den Backofen auf 130° (Th. 2-3) vorheizen).

7 Die Speckscheiben durchschneiden und flach auf ein Blech legen, mit Aluminiumpapier überdecken, und ein anderes Blech darauf setzen, um sie flach zu halten. 20 Minuten in den warmen Backofen schieben und zur Seite stellen.

8 Die Orange unter warmem Wasser bürsten, gut abtrocknen und 1 TL Schale abreiben.

9 2 Thymianzweige abzupfen und die Blätter klein hacken.

Das Sardellenfilet und die schwarzen Oliven hacken. Alles mit 5 EL nativem Olivenöl mischen, die geriebene Orangenschale hinzufügen und zur Seite stellen.

Fertigstellung

1 Den Grill vorheizen.

2 Die weißen Bohnen abtropfen lassen, in die Kürbiscreme geben und erwärmen.

3 Die Jakobsmuschelnüsse mit Salz, Pfeffer und Cayenne würzen und 1 Minute auf jeder Seite grillen. Sie sofort auf Küchenpapier abtropfen lassen.

4 Jede Jakobsmuschel mit der Mischung aus Öl, Oliven, Orangenschale und Sardelle einreiben und mit Korallenwürfeln bestreuen.

Langustinenpfanne mit Flageolets, Zitronensauce

Für 4 Personen

12 Riesen-Langustinen (Größe 6/9)
1 kg frische ungeschälte Flageolets
(oder 300 g frische Cocos)
300 g Tomaten
1 neue Zwiebel
1/2 Knoblauchzehe
1/2 Zitrone
2 dl Gemüsebrühe*
1,2 dl natives Olivenöl
50 g Butter
2 Zweige Estragon
Meersalz
Schwarzer Mignonnette-Pfeffer und
Cayenne

* Siehe Kapitel „Grundrezepte"

Vorbereitung

1 Die Langustinenschwänze herauslösen und die beiden letzten Ringe behalten. Auf einem mit Klarsichtfolie geschützten Teller kühl stellen.

2 Die Flageolets ausschälen und 7 bis 8 Minuten in kochendem Salzwasser garen lassen. Abschrecken und abtropfen lassen.

3 Die Zwiebel und den Knoblauch sehr klein hacken, sie mit einer Nuss Butter schwitzen lassen, bis die Zwiebel glasig ist. Die Flageolets hinzufügen, würzen und zur Seite stellen.

4 Die Tomaten kreuzweise einritzen, 15 Sekunden in kochendes Wasser tauchen und sofort abschrecken. Schälen und das Fleisch in 1/2 cm große Würfel schneiden Vor Luft geschützt zur Seite stellen.

5 Die Gemüsebrühe auf die Hälfte einkochen lassen, den Saft einer halben Zitrone hinzugeben und zur Seite stellen.

6 Die Estragonblätter zerkleinern und vor Luft geschützt zur Seite stellen.

Fertigstellung

1 Die Flageolets mit 2 EL der eingekochten Brühe und etwas Olivenöl erwärmen und abschmecken.

2 Die eingekochte Brühe erwärmen, mit dem elektrischen Schneebesen 1 dl natives Olivenöl unterrühren, die Tomatenwürfel und den Estragon hinzufügen. Abschmecken.

3 Die Langustinen leicht würzen, in der Pfanne auf jeder Seite 50 Sekunden in 1 EL sehr heißem Olivenöl anbraten und sofort auf Küchenpapier abtropfen lassen.

Anrichten
Die Flageolets in der Mitte der vorgewärmten Teller anordnen, die Langustinen mit nach außen gerichtetem Schwanz darauf legen.
Etwas Zitronen-Olivenölschaum über die Langustinen geben.
Die Langustinen mit einigen Meersalzkörnern und schwarzer Pfeffer-Mignonnette überstreuen.

Dieses Gericht ist als Hauptgericht vorgesehen. Für eine Vorspeise, kleinere Langustinen wählen (Format 12/15) und die Flageoletmenge um ein Drittel verringern.

Geflügel, Kaninchen und Federwild

Nanteser Ente mit Châteauneuf-Sauce, geröstetem Sellerie und Salat-Karotten-Gemüse

Für 4 Personen

2 Nanteser Enten à 2.200 kg
1 Knollensellerie
1 Bund Petersilie
1 Zitrone
10 g Butter
1 EL geklärte Butter
2 EL Weintraubenkernöl
Salz und Pfeffer aus der Mühle

Salat-Karotten-Gemüse:
1 großer Kopfsalat
100 g Karotten
200 g Zwiebeln
2 dl Geflügelfond*
30 g Butter
Salz und Pfeffer aus der Mühle

Châteauneuf-Sauce:
3,5 dl Châteaneuf-du-pape
1 dl brauner Kalbsfond
1 dl Geflügelfond*
1 Schalotte
1 Knoblauchzehe
1 Zweig Thymian
50 g Butter
Salz und Pfeffer aus der Mühle

* Siehe Kapitel „Grundrezepte"

Vorbereitung

1 Die Enten flambieren, die Flügel und den Hals abschneiden, die Drüsen unter dem Steißbein entfernen. Sie ausnehmen und schnüren, mit Butter bepinseln und auf einem mit Klarsichtfolie geschützten Teller kühl stellen.

2 Den Sellerie schälen, in 1 cm dicke Scheiben schneiden. Mit einer Ausstechform 12 Scheiben mit einem Durchmesser von 5 cm ausstechen. Etwa 5 Minuten in kochendem Salzwasser mit Nussbutter garen lassen. Mit einem Messer prüfen, ob sie durchgekocht sind. Abtropfen lassen und zur Seite stellen.

3 Für die Sauce: Die Schalotten klein hacken, in 10 g Butter mit dem zerdrückten Knoblauch und dem Thymian schwitzen lassen. Wenn die Schalotte glasig ist, mit dem Wein, dem braunen Fond und dem Geflügelfond ablöschen, aufkochen und zu drei Viertel einkochen lassen, d.h. bis nur noch 1,5 dl Flüssigkeit übrig bleibt. Zur Seite stellen.

4 Für den geschmorten Salat, ihn zunächst 5 Minuten in kochendem Salzwasser blanchieren, abschrecken und abtropfen lassen. Dann die Karotten und Zwiebeln schälen, klein hacken und 5 Minuten in Butter schwitzen lassen, dann mit dem Fond ablöschen und bei ganz kleiner Flamme weichwerden lassen. Den Strunk aus dem abgetropften Salat schneiden und die großen Blätter auf einem Tuch ausbreiten, die alle gleich groß sein sollen. Die Karotten-/Zwiebelmischung darauf verteilen. Mit dem Messer 2 kleine Marken einritzen, die erste 5 cm unter dem oberen Rand der Salatblätter und die zweite 6 cm unter der ersten Marke. Die Blätter dann an den Marken knicken und zu einer eher flachen Rolle aufrollen. In 2 bis 3 cm breite Scheiben schneiden, auf einem hitzefesten Teller anordnen, mit einigen Butterflöckchen überstreuen und zur Seite stellen.

Kochen

1 Den Backofen auf 240° (Th. 8) vorheizen.

2 In einem großen Topf 1 EL Öl stark erhitzen, die Enten 2 Minuten auf der einen und 2 Minuten auf der anderen Seite anbraten, damit das Fett schmilzt.

3 Den Topf dann sofort für 8 Minuten auf der einen, 8 Minuten auf der anderen Seite und 4 Minuten auf dem Rücken, d.h. insgesamt 20 Minuten in den Backofen schieben.

4 Die Enten aus dem Ofen nehmen, den Saft und das Fett abgießen und 10 Minuten auf der Brustseite mit nach oben gerichtetem Steißbein in Alupapier ruhen lassen.

Fertigstellung

1 Den Backofen auf 180° (Th. 5) zurückschalten.

2 Die Schüssel mit den Salatrollen 6 bis 8 Minuten darin aufwärmen.

3 Die Sellerieschеiben in geklärter Butter rösten, bis sie schön goldgelb sind, und würzen.

4 Die Saucenbasis erwärmen und mit einem kleinen Schneebesen mit 40 g Butter aufschlagen. Würzen.

Anrichten
Die Enten auf einen vorgewärmten Teller mit etwas Sauce übergossen und dem abwechselnd angeordneten Gemüse legen.
Den Rest der Sauce in der Saucenschüssel servieren.

Servieren
Den Teller wieder in die Küche tragen und zuerst die Filets abheben. Mit dem Gemüse servieren.
Die Schenkel am Rumpf lassen und 10 Minuten im Backofen aufwärmen. Die Schenkel abschneiden und eventuell mit einem kleinen gemischten Salat als zweiten Gang servieren.

Geflügelbrust mit gedünsteten Gurken und Orangenschalen

Für 4 Personen

2 Geflügel à 1.200 kg
(mit Leber und Herz)
500 g Gurke
150 g rote Paprikaschote
150 g gelbe Paprikaschote
2 Schalotten
1 Orange
1 Stück Ingwerwurzel von 5 cm
2 Stiele Petersilie
1 Zweig Dill
4 EL Portwein
1,5 dl brauner Geflügelfond*
0,5 dl Geflügelbrühe*
Etwas Zitronensaft
70 g Butter
1 EL geklärte Butter
Salz und Pfeffer aus der Mühle

* Siehe Kapitel „Grundrezepte"

Vorbereitung

1 Die Geflügelbrüste herausschneiden oder herauslösen, die Knochen der Flügel behalten, sie aber entfleischen. Die Schenkel für andere Zwecke aufheben.

2 Eine Schalotte klein hacken. Die Petersilie hacken.

3 Die Leber und Herzen klein schneiden und bei großer Hitze in 10 g Butter mit der gehackten Schalotte anbraten, würzen, vom Herd nehmen und die gehackte Petersilie hinzufügen.

4 Die Fleischstücke in der Dicke, zwischen den beiden Filets einschneiden und mit der obigen Mischung füllen. Mit 20 g aufgeweichte Butter bepinseln, salzen und pfeffern und getrennt in Klarsichtfolie eingewickelt kühl stellen.

5 Die Orange unter warmem Wasser bürsten, abtrocknen und 1 TL Schale abreiben. In einer kleinen luftdichten Schale aufbewahren.

6 Die Gurke schälen, der Länge nach vierteln, die Kerne entfernen und das Fleisch in dünne 4 cm lange Streifen schneiden. 2 Minuten in kochendem Salzwasser blanchieren, abschrecken und abtropfen lassen. Zur Seite stellen.

7 Die Paprikas schälen, durchschneiden, die Kerne und weißen Teile entfernen. In 3 mm große Würfel schneiden. 3 bis 4 Minuten in kochendem Salzwasser blanchieren, abschrecken und abtropfen lassen. Zur Seite stellen.

8 Das Ingwerstück schälen und in 1 mm breite Julienne klein schneiden. In sehr heißer, geklärter Butter rösten, auf Küchenpapier abtropfen lassen und zur Seite stellen.

9 Den braunen Geflügelfond und den Portwein in einen kleinen Topf gießen, auf 1 dl einkochen lassen und etwas Zitronensaft hinzugeben. Zur Seite stellen.

10 Etwa 1 gestrichenen EL Dill klein schneiden und vor Luft geschützt zur Seite stellen.

Fertigstellung

1 Die Fleischstücke (ohne sie auszupacken) 10 Minuten dämpfen.

2 Den eingekochten Geflügel- und Portweinfond erwärmen.

3 Die Fleischstücke auspacken und auf mittlerem Feuer in eine Pfanne legen. Mehrmals mit dem Geflügel- und Portweinfond übergießen, bis sie glaciert sind. Warm stellen.

4 Den restlichen Fond mit 1 bis 2 TL Geflügelbrühe verlängern, mit 20 g mit einem Schneebesen untergeschlagener Butter verfeinern und abschmecken.

5 Gleichzeitig die Paprikas und Gurken mit 2 bis 3 EL Geflügelbrühe und 20 g Butter in einen Topf geben, auf großem Feuer erwärmen bis die Butter schaumig ist, die Orangenschale und den gehackten Dill hinzugeben und würzen.

Anrichten
Auf jedem vorgewärmten Teller ein schräg in 5 Teile geschnittenes Fleischstück anrichten.
Mit Gemüse und Sauce umgeben und mit Ingwer-Julienne bestreuen.

Taubenbrust, mit Speckwürfeln gefüllter Kohl

Für 4 Personen

4 große Bresse-Tauben à 450 bis 500 g (flambiert und ausgenommen, mit Leber und Herz)
40 g Leberpastete
1 Schalotte
50 g Petersilie
120 g Pfifferlinge
1,5 dl Geflügelbrühe*
50 g Mirepoix (Karotte, Zwiebeln und Sellerie in 0,5 cm großen Würfeln)
2 EL Weißwein
1 EL Madeira
50 g Paniermehl (aus getrocknetem Brot)
2 EL Mehl
1 Ei, 20 g Butter
1 EL Weintraubenkernöl
2 EL geklärte Butter
Salz und Pfeffer aus der Mühle

* Siehe Kapitel „Grundrezepte"

Vorbereitung

1 Die Taubenfilets herauslösen und die Haut entfernen. Die Schenkel mit möglichst viel verbliebenem Fleisch entbeinen, ohne sie zu öffnen, den Knochen behalten.

2 Die Leber in kleine Streifen schneiden.

3 Die Filets aufschneiden und einige Leberstreifen hineinstecken. Sie durch leichtes Andrücken schließen. Den Rest der Leber zur Seite stellen.

4 4 Petersilienstengel für die Dekoration aufheben. Den Rest sehr klein hacken und mit dem Paniermehl mischen.

5 Das Ei in einem Suppenteller schlagen. Das Paniermehl und das Mehl in zwei andere Teller geben. Die Filets würzen und nacheinander im Mehl, im Ei und im Paniermehl wenden. Auf einem mit Klarsichtfolie geschützten Teller kühl stellen.

6 Die Herzen und Leber der Taube in 0,5 cm große Würfel schneiden. Die Schalotte klein hacken. Die Pfifferlinge reinigen und hacken. Alle in eine kleine mit 20 g Butter erhitzte Pfanne geben und braten. Würzen und abkühlen lassen, dann den Rest der Leber hinzufügen. Diese Füllung mit einigen Messerstichen glätten.

7 Die Schenkel mit der obigen Füllung füllen, mit der Haut schließen und mit einem Zahnstocher festhalten. Auf einem mit Klarsichtfolie geschützten Teller kühl stellen.

8 Für die Sauce, Knochengerippe der Tauben zerkleinern. In einem Topf 1 EL Öl stark erhitzen, die Knochen hineingeben und kurz unter Umrühren anbraten. Herausnehmen und das Blut herauspressen. Diesen Saft aufbewahren.

9 Die Knochenrückstücke wieder in den Topf geben, die Mirepoix hinzufügen und 5 Minuten auf starkem Feuer braten. Mit Weißwein und Madeira ablöschen, die Geflügelbrühe hinzugeben und 10 Minuten einkochen lassen, dann durch ein feines Sieb in einen anderen Topf filtern und zur Seite stellen.

10 Für den mit Speckwürfeln gefüllten Kohl, den Kohl abblättern und die Blätter in reichlich kochendem Salzwasser blanchieren, ohne dass sie sich auflösen. Abschrecken, die 8 größten Blätter nehmen, den mittleren Strunk entfernen und flach auf einem Tuch trocknen lassen.

11 Den Strunk der anderen Blätter entfernen, grob in 3 x 3 große Stücke schneiden und abtropfen lassen. Die Knorpel aus den Speckscheiben entfernen und in dünne 3 mm breite Streifen scheiden. Die Zwiebel klein hacken, mit 20 g Butter in einen großen Topf (oder eine Bratpfanne) geben und bei mittlerer Hitze glasig werden lassen, die Speckstreifen hinzufügen und ausbraten lassen, ohne dass sie braun werden. Die Kohlstücke hinzugeben, eventuell mit einigen Löffeln Wasser ablöschen und etwa 5 Minuten kochen lassen, bis der Kohl gar ist. Würzen und 30 g aufgeweichte Butter unterrühren.

12 Die 8 zurückbehaltenen Blätter würzen, die Füllung auf sie verteilen und sie zu einer Kugel schließen. In eine gebutterte hitzefeste Schüssel setzen und jede kleine Kohlkugel mit einer Nuss Butter krönen. Zur Seite stellen.

▼

Taubenbrust, mit Speckwürfeln gefüllter Kohl Fortsetzung

Mit Speck gefüllter Kohl:
1 großer Weißkohl
1 mittelgroße Zwiebel
60 g Butter
200 g Räucherspeck
(in 3 mm dicken Scheiben)
Salz und Pfeffer aus der Mühle

Fertigstellung

1 Den Backofen auf 180° (Th. 5) vorheizen.

2 Wenn der Backofen warm ist, die Schüssel mit den kleinen gefüllten Kohlkugeln 7 bis 8 Minuten einschieben.

3 Die Taubenfilets - und Schenkel würzen und 6 bis 8 Minuten in der geklärten Butter braten.

4 Die Sauce erwärmen und mit einer Nuss Butter und dem aus den Knochengerippe ausgepressten Saft verfeinern. Würzen.

Anrichten
Auf den vorgewärmten Tellern 2 Filets, 2 Schenkel und 2 Kohlkugeln pro Person anrichten.
Mit etwas Sauce übergießen, den Rest der Sauce getrennt servieren.
Mit Petersilie dekorieren.
Je nach Umfang des Menüs und wenn es mehrere Vorspeisen gibt, genügt eine halbe Taube pro Person.

Gebratenes Rebhuhn mit Kräutern und Sellerie

Vorbereitung

1 In jedes Rebhuhn 5 g Butter, einen Zweig Thymian und ein Viertel Lorbeerblatt einfügen, mit Butter bestreichen und auf einem mit Klarsichtfolie geschützten Teller kühl stellen.

2 Die Leber für andere Zwecke aufbewahren.

Die Herzen, Mägen, Hälse und Flügel reinigen und würfeln.

Mit der Mirepoix mischen, 1 Lorbeerblatt und 1 Thymianzweig hinzufügen und vor Luft geschützt kühl stellen.

3 Die Sellerieknolle schälen, in 1 cm dicke Scheiben und dann regelmäßig in 1 cm große Würfel schneiden. 20 g Butter in einem Topf auflösen und die Selleriewürfel langsam bräunen lassen. Wenn sie gebräunt sind, auf halber Höhe mit dem braunen Kalbsfond ablöschen, salzen und bei kleiner Hitze weiterkochen lassen, mit einem Holzlöffel umrühren, um sie schön zu glacieren. Sie sollen aber „al dente“ bleiben ! Zur Seite stellen.

Kochen und Fertigstellung

1 Den Backofen auf 240° (Th. 8) vorheizen.

2 2 TL feines Salz mit 1 TL Gewürzmischung mischen und die Rebhühner innen und außen damit einreiben.

3 Einen Topf mit 20 g Butter vorheizen. Die Rebhühner in diese schäumende Butter auf die Seite legen. In den Backofen schieben und 5 Minuten warten, das Geflügel dann auf die andere Schenkelseite wenden, ohne darauf einzustechen, die Mirepoix hinzufügen und 5 Minuten weitergaren lassen. Die Backofentür öffnen, 50 g frische Butter hinzufügen, die Rebhühner auf den Rücken legen und 4 Minuten weitergaren lassen. Sie dabei ständig begießen.

4 Die Rebhühner herausnehmen und auf der Brust mit den auf dem Schüsselrand ruhenden Beinen in eine Schüssel mit hohem Rand legen, so dass das Fleisch der Filets zart bleibt. Mit Aluminiumpapier überdecken und während der Fertigstellung auf der Backofentür warm halten.

5 Den Sellerietopf bei mittlerer Hitze erwärmen, von Zeit zu Zeit umrühren.

6 Den Boden des Rebhuhntopfs mit 1/2 dl Wasser auflösen, einkochen lassen und mit dem braunen Geflügelfond ablöschen, 2 Minuten sieden lassen, dann durch ein feines Sieb in einen kleinen Topf gießen und mit einem kleinen Schneebesen 20 g Butter unterrühren. Abschmecken.

Für 4 Personen

2 gerupfte, ausgenommene und verschnürte Rebhühner (mit getrennten Innereien, abgeschnittenen Flügeln, Hälsen und Nägeln)
100 g Mirepoix (Karotte, Zwiebel und Sellerie in 0,5 cm großen Würfeln)
1 TL Gewürzmischung
1/2 Lorbeerblatt
2 Zweige Thymian
110 g Butter
2 dl brauner Geflügelfond*
4 Zweige Thymian und 4 Zweige Petersilie für die Dekoration
Salz und Pfeffer aus der Mühle

Sellerie:

1 Sellerieknolle
1 bis 2 dl brauner Kalbsfond*
20 g Butter, Salz

* Siehe Kapitel „Grundrezepte“

Anrichten

In die Mitte der vorgewärmten Teller einen Schenkel und den Speck darauf legen. Mit Selleriewürfeln und etwas Sauce umgeben.

Mit Thymian und Petersilie dekorieren.

In Gewürzen und Zitrone eingelegte Challans-Ente

Für 4 Personen

2 Enten à 1.400 kg
100 g Mirepoix (Karotte, Zwiebel und Sellerie in 0,5 cm großen Würfeln)
2 Zitronen
2 Limonen
1 Orange
2 Knoblauchzehen
4 Stengel Petersilie
1 Stengel Thymian
50 g Honig
50 g Dijon-Senf
1 gestrichener TL Gewürzmischung
2 dl Geflügelbrühe*
2 dl brauner Geflügelfond*
30 g Butter
2 EL Weintraubenkernöl
Salz und Pfeffer aus der Mühle

* Siehe Kapitel „Grundrezepte“

Anrichten:
Die Zitronenschale über die Enten streuen und mit den abgeschälten Zitronen umgeben.
Die Sauce getrennt servieren
Beliebig mit grünen Bohnen, geschmortem Salat, Butterspinat, usw. anrichten.

Servieren
Die Enten in der Küche zerschneiden und als ersten Gang nur die Filets mit der Garnitur servieren.
Die Knochenraückstände mit den Schenkeln wieder für zehn Minuten in den Backofen schieben.
Die Schenkel abschneiden und als zweiten Gang mit einem Salat servieren.

Vorbereitung

1 Die Enten flambieren und ausnehmen, die Drüsen unter dem Steißbein entfernen, schnüren.
2 Honig, Senf und Gewürzmischung mischen.
3 Die Entenhaut mit der durchgeschnittenen Limone einreiben. Den Saft auspressen und in die Enten gießen.
4 Die Enten vier Mal mit der Honig-/Gewürzmischung in Intervallen von einer Stunde einreiben und eine Nacht kühl stellen.
5 Das Entenklein zerkleinern und mit der Mirepoix mischen. Für dieses Rezept wird weder die Leber noch das Herz verwendet.
6 Die andere Limone, die 2 Zitronen und die Orange unter warmem Wasser bürsten und gut abtrocknen.
7 Den Schale der Zitrone, der zweiten Limone und ein Drittel der Orange abschälen. Zur Seite stellen.
8 Die Säfte auspressen und für die Sauce in einem geschlossenen Behälter kühl stellen.
9 Die Knoblauchzehen schälen, der Länge nach durchschneiden, den Keim entfernen und 2 Minuten in kochendem Wasser blanchieren. Abtropfen lassen.
10 Den Thymian und die Petersilie abzupfen.
11 Die Knoblauchzehen, Zitronen- und Orangenschalen, den Thymian und die Petersilie klein hacken und gemeinsam vor Luft geschützt kühl stellen.
12 Die zweite Zitrone schälen, den weißen Film unter der Schale sorgfältig entfernen, und die Schale in eine sehr dünne 1 mm breite Julienne schneiden. 30 Sekunden in kochendem Wasser blanchieren, abschrecken, abtropfen lassen und für die Dekoration aufbewahren.
13 Diese gleiche Zitrone weiter schälen und die Viertel freisetzen. Vor Luft geschützt kühl stellen.

Kochen und Fertigstellung

1 Den Backofen mit einem Topf mit 2 EL Öl auf 260° (Th. 9) vorheizen.
2 Die Enten innen und außen würzen.
3 Wenn der Backofen warm ist, die Enten auf der Schenkelseite auf den Topf legen und 10 Minuten warten. Sie dann für weitere 10 Minuten auf die andere Schenkelseite drehen und die Mirepoix um sie herum verteilen. Dann für 10 Minuten auf den Rücken drehen.
4 Den Topf aus dem Backofen nehmen und die Enten auf einem Teller zur Seite stellen.
5 Die Ofentemperatur auf 180° (Th. 5) zurückstellen)
6 Den Topf entfetten, auf den Herd stellen, die Säfte etwas anbrennen lassen, mit der Zitrusfruchtsaftmischung ablöschen, zur Hälfte einkochen lassen, dann mit der Geflügelbrühe und dem braunen Geflügelfond ablöschen. Vom Herd nehmen.
7 Die Enten wieder in den Topf legen, in den Backofen schieben und 30 Minuten schmoren lassen, sie dabei ständig mit dem obigen Saft übergießen. Sie werden dann glänzend und glaciert.
8 Die Enten herausnehmen und auf einen vorgewärmten Serviceteller legen.
9 Den Topf auf den Herd stellen, den Boden mit 1/2 dl Wasser abkratzen, aufkochen lassen, abschmecken, und diesen Saft durch ein feines Sieb in eine vorgewärmte Saucenschüssel filtern.
10 In einer kleinen Pfanne 50 g Butter erhitzen, das Knoblauch-, Schalen- und Kräutergehackte hinzugeben und eine Minute garen lassen, dann über die Enten gießen.

Mit altem Essig glacierte Bresse-Taube, Kartoffeltörtchen

Für 4 Personen

4 große Tauben à 550 g (flambiert, ausgenommen, geschnürt, Taubenklein und Innereien getrennt)
100 g Mirepoix (Karotte, Zwiebel und Sellerie in 0,5 cm großen Würfeln)
0,5 dl Balsamico-Essig
0,3 dl Sherry-Essig
0,5 dl Portwein
0,5 dl Geflügelfond*
1,5 dl brauner Geflügelfond*
1 Stengel gekräuselte Petersilie
1 Stengel glatte Petersilie
20 g Butter
2 EL Weintraubenkernöl
Salz und Pfeffer aus der Mühle
Kartoffelkuchen:
400 g Ratte-Kartoffeln
100 g geklärte Butter
10 g Butter
Salz und Pfeffer aus der Mühle

* Siehe Kapitel „Grundrezepte“

Vorbereitung

1 Die Tauben mit Butter einreiben und auf einem mit Klarsichtfolie geschützten Teller kühl stellen.

2 Das Taubenklein für die Sauce in kleine Würfel schneiden (die Leber und Herzen werden für dieses Rezept nicht verwendet).

3 Für die Kartoffelkuchen, 4 Törtchenformen mit einem Durchmesser von 5 bis 6 cm und einer Höhe von 2 cm mit geklärter Butter einreiben. Die Kartoffeln schälen, in Zylinder schneiden und mit einer Chips-Raspel in sehr dünne Streifen raspeln. Die Streifen mit einem Tuch trocknen, mit dem Rest der geklärten Butter mischen, salzen und pfeffern.

4 Die Formen in regelässigen Schuppen mit den Kartoffelstreifen auslegen, zuerst den Boden, dann die Ränder. Die Form ausfüllen, die Oberfläche mit Butter bepinseln und auf einem mit Klarsichtfolie geschützten Teller kühl stellen.

Kochen und Fertigstellung

1 Den Backofen auf 240° (Th. 8) vorheizen und einen Topf mit 2 EL Weintraubenkernöl hineinstellen.

2 Die Tauben von innen und außen salzen und pfeffern.

3 Wenn der Backofen heiß ist, die Tauben auf der Seite in den Topf legen, 7 Minuten braten lassen, auf den anderen Schenkel umdrehen, die Mirepoix und das Taubenklein hinzufügen und 7 Minuten weiterbraten lassen, dann den Topf aus dem Ofen nehmen. Die Tauben auf einen Teller legen. Das überschüssige Fett entfernen, auf die heiße Herdplatte stellen und mit Essig und dem Portwein kurz mit den 2 Geflügelfonds ablöschen, die Flamme kleiner stellen und langsam auf die Hälfte einkochen lassen. Die Tauben wieder in den Topf geben, auf den Rücken legen und bei geöffneter Tür wieder in den Backofen stellen, die Tauben dabei 5 Minuten lang ständig mit dem Saft übergießen, um sie zu glacieren.

4 Die Tauben herausnehmen, sie mit der Brust nach unten in einen Suppenteller legen und mit Alupapier bedeckt während des Backens der Törtchen warm halten.

5 Die Kartoffeltörtchen 6 Minuten in den stets 240° heißen Backofen schieben, ausformen, indem Sie sie direkt auf das Backblech umkippen und 12 Minuten weiterbacken lassen.

6 Für die Sauce, den Kochfond der Tauben in einen kleinen Topf gießen, auf mittleres Feuer stellen und schmoren lassen, bis er eine sirupartige Konsistenz aufweist. Abschmecken und wenn nötig mit dem Schneebesen mit 20 g Butter binden.

Anrichten
Die Tauben durchschneiden, mit Kräutersträußchen dekorieren, den Kartoffelkuchen daneben legen und ein grünes Gemüse in Butter dazu servieren.
Die Sauce in einer Saucenschüssel anrichten.

Gebratenes Bresse-Perlhuhn mit feinen indischen Gewürzen, Kräutern und Gemüse, Basmati-Reis

Vorbereitung

1 Die Haut des Perlhuhns mit Curry einreiben. Die Hälse und Flügel in 2 cm große Stücke schneiden und ebenfalls mit Curry bestreuen, mit der Mirepoix mischen. Alles auf mit Klarsichtfolie geschützten Tellern kühl stellen.

2 Den dunkelgrünen Teil des Porrees sowie die äußeren Blätter entfernen. Ihn der Länge nach durchschneiden und dann in 6 bis 7 cm lange Abschnitte schneiden. Diese Stücke auf dem Brett flach schlagen und in eine 1 mm dünne Julienne schneiden. Vor Luft geschützt kühl stellen.

3 Die Aubergine schälen, der Länge nach in 3 mm dicke Streifen und dann in 1 cm große Stücke schneiden. Das gleiche gilt für die Zucchini. Die Paprikas schälen, öffnen, die Kerne und weißen Teile entfernen und ebenfalls in solche Stücke schneiden. Alles Gemüse vor Luft geschützt kühl stellen.

4 Die Curry-Sauce zubereiten.

Fertigstellung

1 Den Backofen auf 240° (Th. 8) vorheizen, nachdem Sie einen Topf mit 2 EL Weintraubenkernöl hineingestellt haben.

2 Die Perlhühner von innen und außen salzen und pfeffern.

3 Wenn der Backofen heiß ist, die Geflügel auf einem Schenkel hineinschieben. Acht Minuten warten und auf den anderen Schenkel drehen, die Mirepoix hinzugeben und 8 Minuten weiterbraten lassen. Die Perlhühner dann auf den Rücken legen, 30 g Butter in den Topf geben und 4 Minuten bei geöffneter Ofentür weitergaren, sie dabei ständig mit der schäumenden Butter übergießen. Den Topf aus dem Ofen nehmen und seine Temperatur auf 180° (Th. 5) zurückschalten.

4 Die Perlhühner mit Alupapier bedeckt in einer hitzebeständigen Schüssel mit nach unten gerichteter Brust und gegen den Schüsselrand abgedrückten Beinen warm halten, damit der Saft in die Filets läuft, die dann schön saftig bleiben.

5 Den Topf entfetten, auf starkes Feuer stellen, den Saft einkochen lassen, dann mit 1 dl Wasser mit einer Spachtel lösen und vom Herd nehmen.

6 Diese Sauce in den Topf mit der Curry-Sauce geben und bei mittlerer Hitze 10 Minuten schmoren lassen.

7 Für den Basmati Pilaf, den Ofen auf 180° (Th. 5) vorheizen. Die Geflügelbrühe aufkochen lassen. Die Zwiebel schälen und klein hacken, mit 3 EL Weintraubenkernöl in einen Topf geben und auf mittlerem Feuer glasig werden lassen. Den Reis hinzufügen und mit der Spachtel umrühren, bis er glasig ist. Mit der kochenden Geflügelbrühe ablöschen, die dann sofort aufkocht. Zudecken und 12 Minuten in den warmen Backofen schieben. Den Topf aus dem Ofen nehmen, den Reis salzen, mit 30 g Butterflöckchen bestreuen und die Körner mit der Gabel trennen. Warm stellen.

8 Zum Kochen des Gemüses: Die Auberginen- und Zucchini-Rauten in etwas Mehl und Creme wenden und kurz in der sehr heißen geklärten Butter anbraten, bis sie schon goldgelb sind. Würzen.

9 Die Paprikastreifen ebenfalls in etwas Mehl und Creme wenden und getrennt in sehr heißer geklärter Butter anbraten. Würzen und mit den Zucchini und Auberginen mischen.

10 Die Basilikum- und Petersilienblätter in einer Friteuse bei 150° rösten und auf Küchenpapier abtropfen lassen.

11 Die Perlhühner zerschneiden.

Für 4 Personen

2 Perlhühner à 1.200 kg (ausgenommen und geschnürt, Hälse und Flügel getrennt)
1,5 dl Curry-Sauce*
50 g Mirepoix (Karotte, Zwiebel und Sellerie in 0,5 cm großen Würfeln)
1 mittelgroßer Porree
1 mittelgroße Zucchini
1 mittelgroße Aubergine
150 g roter Paprika
100 g gelber Paprika
1 Bund gekräuselte Petersilie
1 Stengel glatte Petersilie
4 große Blätter Basilikum
3 EL Mehl
3 EL Creme zu 35 %
10 g Madras-Currypulver
50 g geklärte Butter
2 EL Weintraubenkernöl
Salz und Pfeffer aus der Mühle

Basmati-Reispilaf:

320 g Basmati-Reis
1 kleine Zwiebel
3 EL Weintraubenkernöl
4,5 dl Geflügelbrühe*
30 g Butter, Salz

* Siehe Kapitel „Grundrezepte“

Anrichten

Einen Teil des Basmati-Pilafs in die Mitte der vorgewärmten Teller geben, ein Filet darauf legen und mit der Gemüsemischung überstreuen.

Mit etwas Sauce umgeben, den Rest der Sauce getrennt servieren. Mit einigen gerösteten Kräutern dekorieren.

Die (warmgehaltenen) Schenkel als zweiten Gang mit einem Salat servieren.

Perlhühnchen mit Frühlingsgemüse und frischen Morcheln

Für 4 Personen

4 Perlhühnchen à 500 g (ausgenommen, Leber getrennt, Flügel und Hälse zerkleinert)
1 Zweig Rosmarin
2 Zweige Thymian
300 g frische Morcheln
12 neue Karotten
12 neue Rüben
12 dünne grüne Spargel
300 g Schweinebohnen in der Schote
1 Schalotte
1 EL Madeira
1 dl Geflügelbrühe*
0,5 dl Creme zu 35 %
60 g Butter
2 EL Weintraubenkernöl
1 EL Essig
Salz und Pfeffer aus der Mühe

* Siehe Kapitel „Grundrezepte"

Vorbereitung

1 Eine Leber in jedes Perlhühnchen stecken, von innen salzen und pfeffern, ein etwa 3 cm großes Stück Rosmarin sowie einen halben Thymianzweig einstecken. Sie verschnüren, mit Butter bepinseln und auf einem mit Klarsichtfolie geschützten Teller zur Seite stellen.

2 Die Morchelfüße von Sand und Erde befreien, der Länge nach durchschneiden und sehr kurz in einer Schüssel in Wasser mit 1 EL Essig waschen. Abtropfen lassen und diesen Arbeitsgang so häufig wie nötig ohne Essig wiederholen, um den Sand und Erde gänzlich zu beseitigen.

Abtropfen lassen und in einem Behälter mit Deckel, dessen Boden mit einem gefalteten Tuch ausgelegt ist, kühl stellen.

3 Die Schalotte schälen und klein hacken, vor Luft geschützt kühl stellen.

4 Die Karotten und Rüben schälen und getrennt 3 bis 4 Minuten in kochendem Salzwasser garen, wobei sie noch etwas knackig bleiben sollen.

Abtropfen lassen und zur Seite stellen.

5 Die Schweinebohnen ausschälen. 3 Minuten in kochendem Salzwasser blanchieren, abschrecken, sie dann zwischen Daumen und Zeigefinger gleiten lassen, um sie zu pellen. Zur Seite stellen.

6 Die Spargel auf 5 cm verkürzen und 3 bis 4 Minuten in kochendem Salzwasser garen. Abschrecken, abtropfen lassen und zur Seite stellen.

Fertigstellung

1 Den Backofen auf 240° (Th. 8) vorheizen, nachdem Sie einen Topf mit 2 EL Weintraubenkernöl hineingestellt haben.

2 Wenn der Ofen heiß ist, die Perlhühnchen auf einen Schenkel in den Topf legen und mit den Hals- und Flügelstücken umgeben. 6 Minuten warten, wenden, begießen, 6 Minuten weiterbraten lassen und auf den Rücken drehen, 30 g Butter in den Topf geben und bei geöffnetem Backofen 6 Minuten fertig garen, sie dabei sehr häufig mit der schaumigen Butter begießen.

3 Den Topf aus dem Ofen nehmen und ihn ausschalten. Die Perlhühnchen mit der Brust nach unten in einen Suppenteller legen, damit der Saft in das Filetfleisch eindringt, mit Alupapier abdecken und auf der offenen Ofentür warm stellen.

4 Das Fett aus dem Topf gießen, bei großer Flamme den Saft mit 1 dl Geflügelbrühe und 3 EL Wasser mit der Spachtel ablöschen und auf mittlerem Feuer auf gut 3 TL Flüssigkeit einkochen lassen. Diesen Saft durch ein feines Sieb in eine Schale filtern und würzen.

5 Eine beschichtete Pfanne ohne Fett stark erhitzen, die Morcheln hineingeben, salzen und unter Umrühren das Eigenwasser ausschwitzen lassen. Sobald dieses Wasser verdampft ist, die gehackte Schalotte und 15 g Butter in die Pfanne geben, 30 Sekunden umrühren, den Madeira hinzufügen, verdampfen lassen, mit dem Perlhühnchensaft und der Creme ablöschen, und bei mittlerer Hitze unter Umrühren weiterkochen, bis die Sauce gebunden ist. Abschmecken.

6 Gleichzeitig 20 g Butter in einer beschichteten Pfanne erhitzen, Karotten, Rüben und Spargel darin unter Umdrehen erwärmen. Salzen.

7 Die Perlhühnchen durchschneiden.

Anrichten
Die beiden Perlhühnchenhälften in die Mitte der vorgewärmten Teller legen, die Morcheln darauf anordnen und die Gemüsemischung auf jeder Seite verteilen.

In grünen Linsen geschmortes Geflügel mit Thymiancreme

Für 4 Personen

1 Geflügel „vom Bauernhof" von 1.500 kg (ausgenommen und geschnürt)
100 g Mirepoix (Karotte, Zwiebel und Sellerie in 0,5 cm großen Würfeln)
500 g grüne Linsen*
1 dl Geflügelbrühe**
0,5 dl Weißwein
1 dl Creme
1 EL Gin
1 TL Thymianblätter
100 g Butter
2 EL Weintraubenkernöl
Etwas Weißweinessig
1 kleiner Bund Thymian
2 Stengel glatte Petersilie
Salz und Pfeffer aus der Mühle

* Siehe Kapitel „Warme Vorspeisen" Rezept des leckeren Entenleber-Ragouts mit Linsen, die Proportionen verdoppeln und Speck hinzufügen.
** Siehe Kapitel „ Grundrezepte"

Vorbereitung

1 Einen Thymianzweig in das Geflügel stecken. Die Haut mit Butter bepinseln und auf einem mit Klarsichtfolie geschützten Teller kühl stellen.

2 Die Linsen zubereiten und in ihrem Kochsud aufbewahren.

3 Einen gehäuften TL Thymian abpflücken und zur Seite stellen.

Kochen

1 Den Backofen auf 230° (Th. 7-8) vorheizen, nachdem Sie einen Topf mit 2 EL Weintraubenkernöl hineingestellt haben.

2 Das Geflügel von innen und außen salzen und pfeffern.

3 Wenn der Backofen heiß ist, das Geflügel auf einen Schenkel legen und 15 Minuten braten lassen. Dann auf den anderen Schenkel drehen und die Mirepoix hinzugeben. 15 Minuten weitergaren lassen, dann auf den Rücken legen, 30 g Butter hinzufügen und noch 10 Minuten weiterbraten, die Filets dabei ständig mit der schaumigen Butter begießen.

4 Den Backofen ausschalten, das Geflügel mit der Brust nach unten und dem Steißbein nach oben in eine Schüssel legen und auf der offenen Ofentür warm stellen. Mit Alupapier abdecken.

5 Das überschüssige Fett entfernen. Auf eine große Flamme stellen, den Saft mit 3 EL Wasser und dem Weißwein mit einer Spachtel auflösen, die Geflügelbrühe hinzufügen und zur Hälfte einkochen lassen. Die Creme hinzufügen und solange einkochen lassen, bis die Sauce an der Spachtel haftet. Durch ein feines Sieb in einen kleinen Topf gießen, die Thymianblätter hinzufügen, wieder auf eine kleine Flamme stellen, mit einem kleinen Schneebesen 30 g Butter unterrühren, mit etwas Gin abschmecken, kurz aufkochen lassen und vom Herd nehmen.

6 Etwas Weißweinessig in die Linsen gießen, erwärmen und abschmecken. Abtropfen lassen.

Anrichten
Die Linsen auf dem vorgewärmten Servierteller anrichten, das Geflügel darauf anordnen und mit einem Teil der Sauce übergießen.
Den Rest der Sauce getrennt servieren.
Mit Thymianzweigen und glatter Petersilie dekorieren.

Kaninchenrücken mit Tassili-Gewürzen und Mangoldkuchen

Für 4 Personen

2 Kaninchenrücken (alle kleinen Häute und Nervenstränge entfernt, auf beiden Seiten über die ganze Länge des Knochens bis auf 3 cm an jedem Ende eingeschnittene + abgetrennte Teile)
2 Zweige Thymian
1 Lorbeerblatt
1 TL Ras-el-hanout (nordafrikanische Gewürzmischung)
1 kleine Knoblauchzehe
1 EL natives Olivenöl
2 EL Weintraubenkernöl
30 g Butter, 1 dl Geflügelfond*
0,5 dl Creme zu 35 %
Etwas Zitronensaft
1 TL rosa Beeren
4 Zweige Koriander für die Dekoration
Salz und Pfeffer aus der Mühle
Mangoldkuchen:
500 g neuen Mangold
12 Brick-Blätter
1 neue Zwiebel
1 dl Creme zu 35 %
30 g Butter
1 Zitrone
Muskatnuss
Salz und Pfeffer aus der Mühle

* Siehe Kapitel „Grundrezepte“

Anrichten
Die Kaninchenstreifen fächerförmig auf die vorgewärmten Teller legen und mit zerdrückten rosa Beeren bestreuen; einen Mangoldkuchen daneben anordnen.
Mit einem Korianderzweig dekorieren.

Vorbereitung

1 Die Kaninchenrücken mit Olivenöl und 1 abgezupften Thymianzweig einreiben. Die abgetrennten Teile würfeln und mit einer Prise Ras-el-hanout, der Knoblauchzehe, 1 Zweig Thymian und dem Lorbeerblatt mischen. Alles auf einem mit Klarsichtfolie geschützten Teller kühl stellen.

2 Den Backofen auf 220° (Th. 7) vorheizen.

3 Für den Mangoldkuchen die Törtchenformen mit einem Durchmesser von 7 bis 8 cm buttern. Die Brick-Blätter mit aufgeweichter Butter bepinseln und jeweils zu 3 aufstapeln. Mit einer Ausstechform ausstechen und in die Törtchenformen drücken. Mit einer zweiten Form abdecken, um die Brick-Blätter festzuhalten und andrücken.

4 Die Formen 4 Minuten in den Backofen schieben, die zweiten als Presse dienenden Formen abnehmen und weiterbacken, bis die Törtchenböden schön goldgelb sind. Zur Seite stellen.

5 Die Mangoldblätter vom Strunk trennen und die Blätter 3 Minuten in kochendem Salzwasser garen, abschrecken und abtropfen lassen. In 1 cm breite Streifen schneiden.

6 Die Strünke schälen, in 1/2 cm dünne Streifen schneiden und 5 bis 6 Minuten in kochendem Salzwasser mit dem Saft einer halben Zitrone garen lassen. Abschrecken und abtropfen lassen.

7 Die neue Zwiebel schälen und klein hacken, mit 20 g Butter in einen Topf geben, die Mangoldlamellen und –blätter hinzugeben, eine Minute umrühren, die Creme hinzufügen und weiterkochen lassen, bis die Creme dick wird. Zur Seite stellen.

Kochen und Fertigstellung

1 Den Backofen auf 180° (Th. 5) vorheizen, nachdem Sie einen Topf mit 2 EL Weintraubenkernöl hineingestellt haben.

2 Die Kaninchenrücken mit Salz und Ras-el-hanout würzen.

3 Wenn der Backofen heiß ist, die Kaninchenrücken auf einer Filetseite in den Topf legen, mit den kleingehackten, getrennten Teilen (+ Knoblauch, Thymian und Lorbeerblatt) umgeben und 4 Minuten in den Ofen schieben, auf die andere Filetseite umdrehen, 4 Minuten warten und auf den Knochen drehen.

30 g Butter hinzufügen und 4 Minuten bei geöffneter Ofentür weitergaren lassen, die Filets dabei ständig mit der schaumigen Butter übergießen.

Die Kaninchenrücken dann umgekehrt auf einen Teller legen, mit Alupapier abdecken und warm halten.

4 Die Ofentemperatur auf 240° (Th. 8) erhöhen).

5 Das überschüssige Fett entfernen und den Geflügelfond dazugeben, durch ein Sieb in einen anderen kleinen Topf gießen, die Creme hinzufügen und 5 Minuten schmoren lassen. Abschmecken und warm stellen.

6 Die Törtchenböden mit dem Mangold à la Creme füllen und 3 Minuten in den Backofen schieben, bis sie aufgewärmt sind.

7 Die Kaninchenrücken filetieren und in dünne Streifen schneiden.

ATEAU LAFITE - ROTHSCHILD
1904
FRANCE

Fleisch und Wild

Gebratenes Rehviertel mit frischem Pfeffer

Für 4 Personen

2 Rehviertel à 600 g (pariert mit gewürfelten Knochen und abgetrennten Teilen)
100 g Mirepoix (Zwiebel, Karotte und Sellerie in 5 mm großen Würfeln)
4 Lorbeerblätter
1 dl Rotwein
0,5 dl Cognac
0,5 dl Portwein
2 dl Wildfond*
1 dl Creme zu 35 %
30 g Butter
3 EL Weintraubenkernöl
3 frische grüne Pfefferbeeren (in chinesischen Feinkostgeschäften erhältlich)
1 Zweig Thymian
Salz und Pfeffer aus der Mühle
In Wein eingelegte Birnen:
8 kleine Kochbirnen
5 dl starken Rotwein
250 g Zucker
10 g Butter
Kandierte Kastanien:
1 kg Kastanien
1 Orangenschale
50 g Sellerie
2 Lorbeerblätter
5 dl brauner Kalbsfond*
5 dl Geflügelfond*
3 dl Wasser
3 g Zucker
Salz und Pfeffer aus der Mühle
Gefüllter Kohl:
Siehe Kapitel „Geflügel“ Rezept Taubenbrust

* Siehe Kapitel „Grundrezepte“

Anrichten
Die Viertel mit der Garnitur auf einem vorgewärmten Servierteller anrichten und die Sauce getrennt servieren.

Vorbereitung

1 Die Viertel mit Öl einreiben, in Klarsichtfolie wickeln und kühl stellen.

2 Die Mirepoix zubereiten und mit den Rehknochenwürfeln mischen.

3 Für die in Wein eingelegten Birnen: Bis auf den Stiel abschälen. Mit dem Wein und dem Zucker einen Sirup zubereiten, 5 Minuten kochen lassen, dann 20 Minuten die Birnen darin pochieren. Mit der Schaumkelle herausnehmen und in einer kleinen gebutterten, hitzefesten Schüssel aufbewahren, 1 EL Sirup hinzufügen.

4 Den gefüllten Kohl zubereiten und in einer kleinen hitzefesten Schüssel aufbewahren.

5 Die Kastanien mit der Messerspitze einschneiden, in eine auf 180° vorgewärmte Friteuse tauchen, um die Schale platzen zu lassen. Nur in kleinen Mengen frittieren, da sie leichter abzuschälen sind, wenn sie sehr heiß sind! 30 g Zucker in einen Topf geben, karamellisieren lassen, dann mit 1 dl Wasser und den 2 Fonds ablöschen, die Orangenschale, das Stück Sellerie, das Lorbeerblatt und die Kastanien hinzufügen und zugedeckt 35 bis 45 Minuten garen lassen, bis die Kastanien gar sind. Den Deckel jedoch nach 30 Minuten abnehmen und das Feuer höher stellen, damit die Flüssigkeit einkocht und sirupartig wird. Die Kastanien darin wenden, um sie zu glacieren. Während des Garens bei Bedarf etwas Wasser hinzufügen. Die kandierten Kastanien im Topf zur Seite stellen.

Kochen und Fertigstellung

1 Den Backofen mit einem Bräter im Inneren auf 250° (Th. 8-9) vorheizen.

2 Das Fleisch salzen und pfeffern. 2 EL Öl in den Topf geben und das Fleisch hineinlegen. Nach 5 Minuten umdrehen und die Mirepoix sowie die abgeschnittenen Teile und 2 grüne Pfefferbeeren, den Thymian und die Lorbeerblätter hinzugeben. 3 Minuten weitergaren lassen, dann die Ofentür öffnen, 30 g Butter hinzufügen und 5 Minuten weiterbraten, dabei das Fleisch ständig mit der schaumigen Butter begießen.

3 Den Bräter aus dem Ofen nehmen, das Fleisch herausnehmen und auf einem mit Alupapier bedeckten Teller warm halten.

4 Die Ofentemperatur auf 180° (Th. 5) zurückschalten und den gefüllten Kohl sowie die Birnen 7 bis 8 Minuten einschieben.

5 Die Kastanien erwärmen.

6 Das Fett aus dem Bräter gießen, auf eine große Flamme stellen, den Saft etwas anbrennen lassen und mit dem Cognac, dem Portwein und Rotwein ablöschen. Mit einer Spachtel abkratzen. Zu zwei Dritteln einkochen lassen, mit dem Wildfond ablöschen, auf 1 dl einkochen lassen, die Creme hinzufügen, 1 Minute leicht aufkochen, den vom Fleisch beim Warmhalten abgegebenen Saft hinzufügen, aufkochen lassen und durch ein feines Sieb in eine warme Saucenschüssel filtern. Abschmecken und die restlichen Beeren des grünen Pfeffers hinzufügen.

Doppelte Kalbsrippe mit Salbei

Für 4 Personen

2 Kalbsrippen à 450 g (pariert, Fleisch vom Knochen lösen)
1 Bund Salbei
1,5 dl brauner Kalbsfond*
50 g Butter
1 EL geklärte Butter
Salz und Pfeffer aus der Mühle
Tempura-Teig:
1/2 Eigelb
1,2 dl eiskaltes Wasser
1 Prise Salz
125 g Tempura-Mehl

* Siehe Kapitel " Grundrezepte "

Vorbereitung

1 Das abgeschnittene Fleisch in winzige Würfel schneiden.

Kochen und Fertigstellung

1 Den Backofen auf 200° (Th. 6) vorheizen.

2 Für den Tempura-Teig das halbe Eigelb in eine Schüssel geben und etwas mit der Gabel schlagen. Das eiskalte Wasser hinzufügen, nochmals etwas schlagen, dann das Salz und Mehl unterschlagen, wobei der Teig jedoch krümelig bleiben soll.

3 Eine Friteuse auf 180° vorheizen.

4 Die Kalbsrippen würzen. Einen (hitzefesten) Topf mit 1 EL geklärter Butter erhitzen, die Kalbsrippen hineinlegen, die abgeschnittenen Teile hinzufügen und das Fleisch auf jeder Seite 5 bis 7 Minuten auf kleiner Flamme braten.

5 5 Salbeiblätter und 30 g Butter hinzufügen und den Topf für 8 Minuten in den heißen Backofen schieben, das Fleisch dabei regelmäßig mit der schaumigen Butter begießen und umdrehen, damit es regelmäßig bräunt.

6 Die Rippen aus dem Topf nehmen und auf einen warmgehaltenen, mit Alupapier überdeckten Teller legen.

7 Das Fett aus dem Topf gießen, auf große Flamme stellen, die Säfte mit 0,5 dl Wasser abkratzen, verdampfen lassen, dann mit dem braunen Fond ablöschen und 5 Minuten kochen lassen. Abschmecken, diesen Saft filtern und durch Unterschlagen von 20 g Butter verfeinern. In der Saucenschüssel servieren.

8 20 Salbeiblätter nacheinander in den Tempura-Teig und dann in die heiße Friteuse tauchen, auf Küchenpapier abtropfen lassen und salzen.

Anrichten
Die Rippen auf einem Servierteller oder geschnitten auf einzelnen Tellern anrichten.
Mit den gerösteten Salbeiblättern garnieren.

Rehrippen und –filets mit Wacholdercreme

Vorbereitung

1 Die Wacholderbeeren zerkleinern.

2 Die Rehstücke mit Öl einreiben, 5 zerkleinerte Wacholderbeeren und den abgerupften Thymian darüber streuen und auf einem mit Klarsichtfolie geschützten Teller kühl stellen.

3 Die Fleischwürfel mit der Mirepoix vermischen.

4 Für die Sauce, einen Topf mit 1 EL Öl erhitzen und die vorherige Mischung sowie 5 zerkleinerte Wacholderbeeren anbraten. Bei guter Färbung mit dem Weißwein ablöschen, einkochen lassen und den Wildfond hinzugeben. Die Flamme niedriger stellen und langsam auf den Hälfte einkochen lassen. Die Creme hinzufügen und 5 Minuten schmoren lassen. Durch ein feines Sieb in einen anderen Topf gießen, salzen, pfeffern, einen Schuss Cognac hinzugeben und zur Seite stellen.

Fertigstellung

1 Die Sauce erwärmen.

2 Eine große Pfanne mit etwas Weintraubenkernöl erhitzen.

3 Die Koteletts und Filets salzen und pfeffern.

4 Sie in die Pfanne legen, 2 Minuten auf jeder Seite bei großer Hitze braten, dann 20 g Butter hinzufügen und das Fleisch ständig 1 Minute mit dieser schaumigen Butter übergießen. Aus der Pfanne nehmen und zugedeckt warm stellen.

5 Die Pfanne mit 1 bis 2 EL Wasser auskratzen und in den Saucentopf gießen. Ebenfalls den Gin hinzufügen und kurz aufkochen lassen. Abschmecken.

Für 4 Personen

8 Rehkoteletts (2 cm dick)
2 Rehfilets
100 g gewürfeltes Rehfleisch, 50 g Mirepoix (Zwiebel, Karotte und Sellerie in 0,5 cm großen Würfeln)
0,5 dl Weißwein
1 dl Wildfond*
1 dl Creme zu 35 %
10 Wacholderbeeren
1 Zweig Thymian
20 g Butter
2 EL Weintraubenkernöl
1 Schuss Cognac
1 EL Gin
Salz und Pfeffer aus der Mühle

* Siehe Kapitel „Grundrezepte“

Anrichten
Die in 3 cm dicke Scheiben geschnittenen Filets und die Koteletts gegenüber liegend anrichten.
Mit Sauce umranden.
Je nach Ihrem Geschmack mit frischen Butternudeln, kandierten Kastanien, Rosenkohl, usw. servieren.

Schottische Lammschulter in Zitronensauce

Für 4 Personen

2 schottische Lammschultern von 900 g (bis auf den Schaft entbeint und geschnürt)
3 Zitronen
5 Knoblauchzehen
50 g Petersilie
3 Zweig Thymian
3 dl brauner Kalbsfond
100 g Mirepoix (Zwiebel, Karotte und Sellerie in 0,5 cm großen Würfeln)
30 g Butter
3 EL Weintraubenkernöl
Salz und Pfeffer aus der Mühle

* Siehe Kapitel „Grundrezepte“

Vorbereitung

1 Die Zitronen unter heißem Wasser bürsten, sorgfältig abtrocknen, dann die Schale in langen Streifen abschälen. Mit einem scharfen Messer die weiße Haut unter der Schale entfernen. Diese Schalenstreifen in einen kleinen Topf mit kochendem Wasser geben, 2 Minuten aufkochen lassen, abtropfen lassen, abschrecken und nochmals abtropfen lassen.

2 Diese gleiche Zitrone weiterschälen und die Viertel herauslösen. In Klarsichtfolie verpackt kühl stellen.

3 Den Saft der 2 anderen Zitronen auspressen.

4 Den blanchierte Schale und die Petersilie hacken, vermischen und in einer kleinen luftdichten Schale kühl stellen.

Kochen

1 Die Backofen auf 220° (Th. 7) vorheizen, nachdem Sie einen Bräter mit 3 EL Weintraubenkernöl hineingestellt haben.

2 Die Schultern pfeffern und salzen. In den Bräter legen, 2 Thymianzweige und die ungeschälten Knoblauchzehen hinzufügen, 30 Minuten braten lassen, sie dabei umdrehen, damit sie eine schöne Farbe bekommen.

3 Dann die Mirepoix hinzugeben und 8 Minuten unter Umrühren garen lassen, den Bräter aus dem Ofen nehmen, das Fleisch sofort herausnehmen und auf einem Teller zur Seite stellen.

4 Die Ofentemperatur auf 180° (Th. 4) zurückstellen.

5 Das Bratfett aus dem Bräter gießen, auf eine große Flamme stellen, mit 2 dl Wasser und dem Saft der 2 Zitronen den Boden abkratzen und um 1/3 einkochen lassen. Den Kalbsfond hinzufügen, die Schultern wieder hineinlegen und 1,15 Stunden in den Backofen schieben, dabei regelmäßig mit der Flüssigkeit übergießen. Wenn die Sauce zu dick wird, sie mit etwas Wasser verdünnen.

6 Das gare Fleisch herausnehmen und auf einem Service-Teller warm stellen.

7 Den Bräter auf eine große Flamme stellen, den einegekochten Saft mit einer Spachtel auflösen, aufkochen lassen, abschmecken und die Sauce durch ein feines Sieb in eine Saucenschüssel gießen.

8 Die Mischung aus Zitronenschale und Petersilie in 30 g schäumender Butter schwenken und über die Schultern gießen.

Anrichten
Die ganzen Schultern mit den ausgelösten Zitronenvierteln und der Sauce in der Saucenschüssel servieren.
Dazu einen Gratin, geschmorte Endivien oder anderes Saison-Gemüse reichen.

Lammschultercurry mit Smyrna-Rosinen

Für 4 Personen

1 kg Lammschulter (in 4 cm großen Würfeln)
100 g Smyrna-Rosinen
2 Zwiebeln
1 Reinette-Apfel
3 dl Weißwein
3 dl Geflügelbrühe*
1 rote Paprika
1 gelbe Paprika
1,5 dl Creme
4 EL mittlerer oder starker Curry
1 EL Mehl
2 EL Weintraubenkernöl
1 EL Olivenöl
Salz und Pfeffer aus der Mühle
Basmati-Reispilaf:
Siehe Kapitel „Geflügel" im Rezept Perlhuhn mit indischen Gewürzen

* Siehe Kapitel „Grundrezepte"

Vorbereitung

1 Die Rosinen in warmem Wasser einweichen.

2 Die Paprikas schälen, öffnen, die Kerne und weißen Teile entfernen und in 3 mm kleine Würfel schneiden. Vor Luft geschützt kühl stellen.

3 In einem großen Plastikbeutel 4 EL Curry, 1 EL Mehl und 2 TL Salz mischen.

4 Die Zwiebeln hacken und vor Luft geschützt kühl stellen.

5 Den Apfel schälen, entkernen, in 1 cm große Würfel schneiden und in Klarsichtfolie gewickelt kalt stellen.

Kochen

1 Den Backofen auf 200° (Th. 6) vorheizen.

2 Die Fleischstücke mehrere Male in der Mehl-, Curry- und Salzmischung schütteln.

3 In einer großen Pfanne 2 EL Weintraubenkernöl stark erhitzen und die Fleischstücke von allen Seiten anbraten. Bei halber Färbung die gehackten Zwiebeln hinzufügen.

4 Wenn das Fleisch schön goldbraun ist, mit einer Schaumkelle aus der Pfanne nehmen und in einen Topf geben.

5 Das Fett aus der Pfanne gießen und mit 3 dl Weißwein und 3 dl Geflügelbrühe ablöschen. Nicht einkochen lassen, auf die Fleischstücke gießen, die ganz zugedeckt sein müssen. Wenn nötig, etwa Brühe hinzufügen.

6 Die Apfelwürfel hinzugeben. Zudecken und 1,5 bis 2 Stunden in den Backofen schieben. Den Deckel nach 1 Stunde abnehmen und das Fleisch, wenn es unter Fingerdruck weich ist, mit einer Schaumkelle auf den Service-Teller legen und warm halten.

7 Wenn das Lamm gar ist, die Paprikawürfel mit 1 EL Olivenöl 3 bis 4 Minuten in der Pfanne anbraten und würzen. Die Pfanne vom Feuer nehmen und die abgetropften Rosinen hinzugeben.

8 Den Fleischkochtopf auf den Herd stellen und die Sauce mit 1,5 dl Creme abschmecken. Kurz aufkochen und eventuell ein wenig einkochen lassen, wenn die Sauce zu flüssig ist, abschmecken und durch ein Sieb über das Fleisch gießen. Die Paprikawürfel und Rosinen darüber streuen.

Anrichten
Mit einem Basmati oder kreolischem Reis auf einem großen Teller oder Einzeltellern servieren.

Hasenrücken mit Paprika und Rotkohl

Für 4 Personen

2 Hasenrücken (und die abgeschnittenen Teile in kleinen Stücken)
100 g Mirepoix (Karotte, Zwiebel und Sellerie in 0,5 cm großen Würfeln)
4 Zweige Thymian
2,5 gestrichene TL Paprika
1,5 dl Wildfond*
1 Schalotte
1 dl Sauerrahm
1 Messerspitze englischer Senf
1 Schuss Rotweinessig
80 g Butter
1 EL Weintraubenkernöl
Salz und Pfeffer aus der Mühle

Geschmorter Rotkohl mit Äpfeln:
1 kg Rotkohl
1 kleine Zwiebel
1 Apfel
1 Gewürznelke
10 schwarze Pfefferkörner
1/2 Lorbeerblatt
5 dl Geflügelbrühe*
50 g Räucherspeck
2 EL geklärte Butter
20 g Butter
1 EL Rotweinessig
Salz und Pfeffer aus der Mühle

Kandierte Kastanien:
Siehe in diesem gleichen Kapitel das Rezept Gebratenes Rehviertel mit frischem Pfeffer

* Siehe Kapitel „Grundrezepte"

Vorbereitung

1 Die Hasenrücken auf jeder Seite des Knochens bis auf 3 cm an jedem Ende tief einritzen, in jeden Schlitz 1 Zweig Thymian einstecken, jeden Rücken mit 1/2 EL Paprika bestreuen, in Klarsichtfolie wickeln und kühl stellen.

2 Die abgeschnittenen Teile des Hasen mit der Mirepoix vermischen und vor Luft geschützt kühl stellen.

3 Die Schalotte klein hacken und in einer kleinen luftdichten Schale kühl stellen.

4 Die Gewürznelke, die Pfefferkörner und das halbe Lorbeerblatt in einen kleinen Gaze-Beutel stecken.

5 Den Apfel schälen, in Viertel schneiden, die Herzen entfernen und klein schneiden.

6 Den Kohl parieren, die großen Strünke entfernen und in 0,5 cm lange Streifen schneiden. Die Zwiebel und den Apfel klein hacken. In einem Topf die geklärte Butter erhitzen, den Kohl und die Zwiebel hineingeben und 5 Minuten kochen lassen. Den Gewürzbeutel und den Speck hinzufügen, mit der Brühe ablöschen, aufkochen lassen, zudecken, das Feuer ganz klein stellen und schmoren lassen, von Zeit zu Zeit umrühren.

Nach 15 Minuten den gehackten Apfel hinzufügen und noch 15 Minuten weiterkochen lassen, bis der Kohl zwar gar aber nicht zerfallen ist. Abschmecken und zur Seite stellen.

Fertigstellung

1 Den Backofen auf 280° (Th. 9-10) vorheizen.

2 Gegebenenfalls die kandierten Kastanien erwärmen.

3 Die Hasenrücken salzen und pfeffern.

4 Den Rotkohl mit 20 g Butter erwärmen, etwas Essig unterrühren, damit der Kohl wieder schön rot wird, und abschmecken.

5 Einen Bräter mit 1 EL Öl stark erhitzen und die Mischung aus den abgeschnittenen Teilen und der Mirepoix 3 Minuten anbraten. Sie an den Rand schieben, 50 g Butter hinzufügen und, sobald sie schaumig wird, die Hasenrücken auf einem Filet hineinlegen. Eine Minute warten und auf das andere Filet legen. Sie eine Minute später auf den Knochen drehen und den Bräter für 8 Minuten in den Backofen schieben, das Fleisch 2 bis 3 mal begießen.

6 Dann den Ofen öffnen, den Bräter auf die Tür stellen, jeden Hasenrücken mit 1/2 EL Paprika bestreuen und 6 bis 7 Minuten warm stellen, sie dabei häufig mit ihrer Bratbutter begießen.

7 Dann mit der Fleischseite nach unten auf einen Teller legen, den Sie auf der offenen Ofentür mit Alupapier bedeckt warm stellen.

8 Das Fett aus dem Bräter gießen, mit 1,5 dl Wasser den Boden abkratzen, auf die Hälfte einkochen lassen und vom Herd nehmen.

9 In einem kleinen Topf die gehackte, mit 1 TL Paprika bestreute Schalotte in 10 g Butter schwitzen lassen. Wenn sie weichgekocht ist, mit der Flüssigkeit aus dem Bräter und dem Wildfond ablöschen und auf die Hälfte einkochen lassen. Dann den Sauerrahm, eine Messerspitze englischen Senf, 1 Schuss Essig hinzugeben und kurz aufkochen lassen. Abschmecken und mit einem kleinen Schneebesen 20 g Butter unterrühren.

In eine vorgewärmte Saucenschüssel gießen.

10 Die Hasenrückenfilets ablösen und in dünne Scheiben schneiden.

Anrichten

Die Hasenscheiben fächerförmig auf die vorgewärmten Teller legen.
Den geschmorten Rotkohl in der Mitte anordnen.
Eventuell einige Kastanien darauf setzen.
Mit etwas Sauce dekorieren und den Rest in der Saucenschüssel servieren.

Lammschnittchen in Trüffel- und Petersilienkruste, Périgueux-Sauce

Für 4 Personen

8 Lammkoteletts
2 Lammfilets (pariert)
40 g schwarze Trüffeln
300 g Petersilie
1 Ei, 2 EL Mehl
2 EL geklärte Butter
30 g Butter
Salz und Pfeffer aus der Mühle
Petersiliengemüse:
500 g Petersilie
1 kleine Schalotte
15 g Butter
0,5 dl Creme
Salz und Pfeffer aus der Mühle
Périgueux-Sauce:
50 g schwarze Trüffeln
(oder Trüffelschalen)
1/2 Schalotte
1 EL Portwein
1 EL Madeira
1 dl Geflügelbrühe*
1,5 dl brauner Kalbsfonds*
25 g Leberpastete
35 g Butter
Salz und Pfeffer aus der Mühle

* Siehe Kapitel „Grundrezepte"

Vorbereitung

1 Die Trüffel und die Petersilienblätter klein hacken und diese Mischung in einer kleinen luftdichten Schale kühl stellen.

2 Für die Périgueux-Sauce die Trüffel und die Schalotte hacken und sie gemeinsam in 20 g schaumiger Butter schwitzen lassen, bis die Schalotte glasig ist. Dann mit Portwein und Madeira ablöschen und fast ganz einkochen lassen bevor Sie die 2 Fonds hinzugeben. Um ein Drittel einkochen lassen und zur Seite stellen.

3 Die Leber durch ein Sieb streichen und dieses Püree vor Luft geschützt kühl stellen.

4 Für das Petersiliengemüse die großen Stengel abschneiden und die Petersilie mehrmals waschen. Einen großen Topf Salzwasser aufkochen, die Petersilie hineingeben und ab dem Aufkochen 6 Minuten garen lassen, dann abtropfen lassen, abschrecken und nochmals abtropfen lassen. Die Petersilie gründlich abtrocknen. Die Schalotte klein hacken, mit 15 g Butter auf mittlerem Feuer glasig werden lassen. Die Petersilie hinzufügen und mit einer Gabel umrühren. Salzen und pfeffern, die Creme hinzugeben, zum Binden kurz aufkochen lassen und zur Seite stellen.

Fertigstellung

1 Das Ei mit der Gabel in einem Suppenteller schlagen.

2 Die Trüffel-/Petersilienmischung in einen zweiten Suppenteller geben.

3 Die Lammkoteletts und –filets salzen und pfeffern, in etwas Mehl, dann im Ei und dann in der Trüffel-/Petersilienmischung wenden. Andrücken.

4 Die Koteletts und Filets in 2 EL geklärter Butter 2 bis 3 Minuten auf jeder Seite braten. 15 g Butter hinzufügen und 1 Minute mit dieser schaumigen Butter begießen.

5 Gleichzeitig das Petersiliengemüse erwärmen.

6 Die Périgueux-Saucen-Basis erwärmen, das Stopfleberpüree hinzugeben und mit einem kleinen Schneebesen mit 15 g Butter verfeinern. Abschmecken und in eine vorgewärmte Saucenschüssel gießen.

Anrichten
2 Koteletts und die Hälfte eine Filets hübsch auf den vorgewärmten Tellern anrichten. Das zu kleinen Rollen geformte Petersiliengemüse hinzufügen. Mit etwas Sauce umgeben, den Rest der Sauce getrennt servieren.
Mit Schmelz-, Brat- oder Dauphin-Kartoffeln oder auch mit Rösti servieren.

Lammrücken mit Nieren, Knoblauch und Rosmarin

Für 4 Personen

1 Lammrückenfilet*
4 Lammnieren
6 Knoblauchzehen
2 Schalotten
2 Zweige Rosmarin
30 g gekräuselte Petersilie
1 dl Lammfond**
100 g Mirepoix (Karotte, Zwiebel und Sellerie in 0,5 cm großen Würfeln)
2 EL Olivenöl
70 g Butter
Meersalz
Schwarze Pfeffer-Mignonnette
Salz und Pfeffer aus der Mühle

* Bitten Sie Ihren Metzger, einen Rücken mit möglichst langen Filets zu wählen und zu entbeinen ohne den fetten Teil zu durschlöchern, dann die Haut zu parieren, die Häute und Sehnen von der Innenseite zu entfernen und die Flanken zu verdünnen und sie dann flach zu schlagen.
** Siehe Kapitel „Grundrezepte"

Vorbereitung

1 Die Haut von den Nieren abziehen, würzen und 30 Sekunden in 20 g heißer Butter in der Pfanne anbraten. Abtropfen lassen.

2 Die Petersilie, den Rosmarinzweig, 1 Knoblauchzehe und die 2 Schalotten klein hacken. Mit 1 EL Olivenöl in einen Topf geben, salzen und pfeffern, und die Schalotte glasig werden lassen, zur Seite stellen.

3 Das entbeinte Fleisch mit nach unten gerichteter Fettseite auf ein Brett legen. Salzen und pfeffern, dann komplett mit der Kräuter-, Knoblauch und Schalottenmischung bestreichen. Die Nieren zwischen die Filets legen. So eng wie möglich zusammenrollen und einschnüren. Auf einem mit Klarsichtfolie geschützten Teller kühl stellen.

Kochen

1 Den Backofen auf 240° (Th. 8) vorheizen, nachdem Sie einen Bräter mit 1 EL Olivenöl hineingestellt haben.

2 Das Fleisch würzen.

3 Den Rücken in den Bräter legen und für 30 bis 35 Minuten in den Backofen schieben, das Fleisch dabei alle 5 Minuten um eine viertel Drehung umdrehen, um eine gleichmäßige Färbung zu erhalten. Nach 10 Minuten auch die Mirepoix, einen Zweig Rosmarin, 5 ungeschälte Knoblauchzehen und 30 g Butter hinzufügen. Während der letzten 10 Minuten häufig begießen.

4 Wenn das Fleisch gar ist, herausnehmen und auf einem Teller auf der Backofentür warm stellen. Mit Alupapier überdecken.

5 Das Fett aus dem Bräter gießen, ihn auf eine große Flamme stellen, den Saft mit 3 dl Wasser auflösen, um zwei Drittel einkochen lassen, den Lammfond hinzugeben und nochmals um einen Drittel einkochen lassen, dann durch ein feines Sieb in einen anderen Topf gießen.

6 3 der ungeschälten Knoblauchzehen, die mitgebraten werden, pressen. Dieses Knoblauchpüree ganz oder teilweise in die Sauce geben und mit einem kleinen Schneebesen 20 g Butter unterrühren. Abschmecken.

7 Das Fleisch in 2 cm dicke Scheiben schneiden.

Anrichten
Die Fleischscheiben auf vorgewärmte Teller legen, mit Meersalzkörnern und schwarzer Pfeffer-Mignonnette bestreuen.
Die Sauce in der Saucenschüssel servieren.
Mit grünen Bohnen in Butter oder einem anderen Saison-Gemüsen anrichten.

Rehrücken mit Schalotten, Wacholder und Wirsing

Für 4 Personen

1.200 kg Rehrucken (ohne Häute und Nervenstränge, alle Knochen auf die gleiche Länge zugeschnitten + kleingewürfelte, abgeschnittene Teile)
1 Zweig Thymian
1 Lorbeerblatt
12 kleine Schalotten
100 g Mirepoix (Karotte, Zwiebel und Sellerie in 0,5 cm großen Würfeln)
1 dl Wildfond*
1 dl kräftiger Rotwein
0,5 dl Gin
10 Wacholderbeeren
120 g Butter
2 EL Weintraubenkernöl
Salz und Pfeffer aus der Mühle

Wirsing:
1 kg Wirsing
1 kleine Zwiebel
1 dl Geflügelbrühe*
60 g Butter
Salz und Pfeffer aus der Mühle

* Siehe Kapitel „Grundrezepte"

Vorbereitung

1 Die Wacholderbeeren zerkleinern.

2 Den Rücken mit Öl einreiben und mit der Hälfte des zerkleinerten Wacholders bestreuen, 1 Zweig Thymian und 1 Lorbeerblatt hinzufügen, alles in Klarsichtfolie einwickeln und kühl stellen.

3 Die abgeschnittenen Teile, den Rest des zerkleinerten Wacholders und die Mirepoix mischen und in Klarsichtfolie kühl stellen.

4 Den Backofen auf 150° (Th. 3-4) vorheizen.

5 Die Schalotten nicht schälen, leicht der Länge nach einschneiden, getrennt mit einer Nussbutter, Salz und Pfeffer in Alupapier einwickeln. 1 Stunde in den Backofen schieben und zur Seite stellen.

6 Die äusseren, grossen Blätter des Wirsing entfernen. Die anderen Blätter abblättern und 2 Minuten in einem großen Topf mit kochendem Salzwasser blanchieren. Abtropfen lassen, abschrecken und nochmals in einem Sieb und dann in einem Tuch abtropfen lassen.

7 Die Zwiebel sehr klein hacken, mit 30 g Butter in einen Topf geben und auf mittlerer Flamme glasig werden lassen. Die gut abgetropften und in unregelmäßig große Stücke zerkleinerten Wirsingblätter hinzufügen, und nicht zugedeckt 6 bis 7 Minuten kochen lassen, dabei nach und nach etwas Geflügelfond hinzugeben.

Kochen

1 Den Backofen auf 280° (Th. 9 – 10) vorheizen, nachdem Sie einen Bräter mit 2 EL Öl hineingestellt haben.

2 Den Wirsing mit 30 g Butter erwärmen und würzen.

3 Den Rücken salzen und pfeffern.

4 Den Rücken in sehr heißes Öl auf eine Filetseite legen. 5 Minuten warten und für 5 Minuten auf die andere Filetseite drehen. Die Mirepoix und die abgeschnittenen Teile sowie 50 g Butter hinzufügen und flach auf den Rücken legen. Noch 10 Minuten weiterbraten lassen, häufig begießen. Die Gesamtbratzeit beträgt demnach 20 Minuten.

5 Den Rücken herausnehmen und auf einem Teller auf der Backofentür warm stellen. Die kleinen Schalottenpakete in den abgeschalteten Ofen schieben, um sie aufzuwärmen.

6 Das Fett aus dem Bräter gießen, auf eine große Flamme stellen, mit Wein und Gin den Saft auflösen, mit dem Wildfond ablöschen und 10 Minuten aufkochen lassen. Dann durch ein mit einem feuchten Seihtuch (oder einer Gaze) ausgelegtes Sieb in einen kleinen Topf filtern und auf 1 dl Flüssigkeit einkochen lassen.

7 Dann mit einem kleinen Schneebesen 50 g Butter unterrühren, mit Salz, Pfeffer und einem Schuss Gin abschmecken. In eine vorgewärmte Saucenschüssel gießen.

8 Die Schalotten schälen.

9 Den Rücken filetieren und in Medaillons schneiden.

Anrichten

Die Rehmedaillons fächerförmig auf dem Wirsing auf den vorgewärmten Tellern anordnen. Mit 3 kandierten Schalotten und etwas Sauce dekorieren. Die Sauce getrennt servieren.

Gebratener Hasenrücken mit Gewürzen und Sauternes-Creme

Für 4 Personen

2 Hasenrücken (und die abgeschnittenen Teile in kleinen Stückchen)
10 Wacholderbeeren
4 Zweige Thymian
100 g Mirepoix (Karotte, Zwiebel und Sellerie in 0,5 cm großen Würfeln)
1 Knoblauchzehe
1 Stiel Petersilie
Etwa 12 Prisen Gewürzmischung*
1 EL Weintraubenkernöl
70 g Butter
1 dl Creme zu 35 %
1,5 dl Sauternes
Salz und Pfeffer aus der Mühle

Gefüllter Kohl:
Siehe Kapitel „Geflügel" im Rezept Taubenbrüste

Kandierte Kastanien:
Siehe Rezept Gebratenes Rehviertel mit Lorbeer

Gebratene Reinette-Äpfel:
2 Äpfel
20 g Butter
1 Prise Zucker
1 Prise Salz

* Siehe Kapitel „Grundrezepte"

Vorbereitung

1 Die abgeschnittenen Hasenteile mit der Mirepoix, der in 6 Teile zerkleinerten Petersilie, der ganzen geschälten Knoblauchzehe und den grob zerkleinerten Wacholderbeeren mischen. In Klarsichtfolie kühl stellen.

2 Die Rücken auf jeder Seite des Knochens bis auf ca. 3cm auf jeder Seite tief einschneiden. In jeden Schlitz einen Thymianzweig stecken, in Klarsichtfolie wickeln und kühl stellen.

3 Die Äpfel schälen, in Viertel teilen, die Herzen entfernen und fest in Klarsichtfolie gewickelt kühl stellen.

Fertigstellung

1 Den Backofen auf 280° (Th. 9 – 10) vorheizen.

2 Die Kastanien und den gefüllten Kohl erwärmen.

3 Die Hasenrücken salzen, pfeffern und jeweils mit 6 Prisen Gewürzmischung bestreuen.

4 Einen Bräter mit 1 EL Öl auf eine große Flamme stellen. Wenn das Öl sehr heiß ist, 50 g Butter und die Mischung aus Mirepoix und abgeschnittenen Teilen hinzugeben, dann 3 Minuten bräunen lassen.

5 Die Mirepoix auf eine Seite des Bräters schieben und dort die Rücken auf ein Filet legen. 1 Minute warten und sie für 1 Minute auf das andere Filet drehen. Dann flach auf den Knochen legen und den Bräter für 8 Minuten in den Backofen schieben, zwei oder drei Mal begießen.

6 Den Backofen öffnen, den Bräter auf die Tür stellen und das Fleisch ruhen lassen, es dabei sehr häufig 6 bis 7 Minuten mit seiner Bratbutter begießen. Dann die Rücken herausnehmen und auf einem Teller mit nach unten gerichteter Fleischseite und mit Alupapier abgedeckt auf der offenen Backofentür warm stellen.

7 Die Apfelviertel in 20 g heißer Butter bräunen und mit einer Prise Zucker und einer Prise Salz würzen.

8 Das Bratfett aus dem Bräter gießen, auf eine große Flamme stellen, mit 2 dl Wasser ablöschen, zur Hälfte einkochen lassen und in einen kleinen Topf filtern.

9 Diesen kleinen Topf auf eine große Flamme stellen, den Sauternes hinein gießen, auf die Hälfte einkochen lassen, dann die Creme hinzufügen und nochmals auf die Hälfte einkochen lassen. Mit Salz, Pfeffer und eventuelle einigen Tropfen Zitronensaft abschmecken und mit 20 g mit dem Schneebesen untergerührter Butter verfeinern. Das während der Ruhezeit aus den Hasenrücken geflossene Blut hinzufügen und in eine warme Saucenschüssel gießen.

10 Die Rücken filetieren und in dünne Scheiben schneiden.

Anrichten
Die Hasenscheiben fächerförmig mit 2 Apfelvierteln, einem kleinen gefüllten Kohl und einigen kandierten Kastanien auf den vorgewärmten Tellern anordnen. Mit etwas Sauce dekorieren und den Rest der Sauce getrennt servieren.

T-Bone-Steak mit Schalotten und schwarzem Pfeffer

Für 4 Personen

2 T-Bone-Steaks à 800 g (zerkleinerte, abgeschnittene Teile getrennt)
100 g Schalotten
2 TL schwarze Pfeffer-Mignonnette
90 g Butter
1 Zweig Thymian
2 EL Weintraubenkernöl
Salz und Pfeffer aus der Mühle
Rotweinsauce (fakultativ):
3,5 dl kräftiger Rotwein
1,5 dl brauner Kalbsfond
1 Schalotte
1 Knoblauchzehe
1 Zweig Thymian
50 g Butter
Salz und Pfeffer aus der Mühle

Vorbereitung

1 Die Schalotten schälen und klein hacken, vor Luft geschützt kühl stellen.

2 Die Schalotten für die Rotweinsauce klein hacken und mit 10 g Butter, der zerquetschten Knoblauchzehe und dem Thymian in einen Topf geben. Die Schalotte bei mittlerer Hitze glasig werden lassen, mit dem Kalbsfond und dem Wein ablöschen und um drei Viertel einkochen lassen, d.h. bis nur noch 1,5 dl Flüssigkeit übrig bleibt. Durch ein Sieb in einen anderen Topf gießen und zur Seite stellen.

Kochen

1 Den Backofen auf 220° (Th. 7) vorheizen.

2 Das Fleisch salzen und pfeffern.

3 Einen Bräter mit 2 EL Öl erhitzen. Die Steaks hineinlegen und 3 Minuten auf der einen, sowie 3 Minuten auf der anderen Seite braten.

4 30 g Butter hinzufügen und den Bräter für 6 Minuten in den Backofen schieben, häufig begießen, sie dann für 6 weitere Minuten umdrehen, stets begießen und darauf achten, dass die Butter nicht schwarz wird, sie anderenfalls auswechseln.

5 Die Steaks herausnehmen und mit Alupapier bedeckt auf einem Teller auf der offenen Ofentür warm stellen.

6 Die Rotweinsauce erwärmen und mit dem Schneebesen mit 40 g Butter binden. Abschmecken und warm stellen.

7 Das Fett aus dem Bräter schütten, auf eine heiße Herdplatte stellen, 60 g Butter, die gehackten Schalotten und den Mignonnette-Pfeffer hineingeben, auf mittlerem Feuer garen, bis die Schalotten glasig sind.

Diese Mischung über die Steaks gießen.

8 Den Bräter wieder auf das sehr starke Feuer stellen und den Sud mit 1/2 Glas Wasser auflösen. Auf 1 TL einkochen lassen und in den Saucentopf gießen. Ebenfalls das während ihrer Ruhezeit aus den Steaks getropfte Blut in die Sauce rühren.

Anrichten
Die T-Bone-Steaks auf einem vorgewärmten Teller anrichten, die Sauce in der Saucenschüssel servieren, und mit grünem Gemüse und einem Kartoffel-Gratin garnieren.

Innereien

Kalbsnierencurry auf indische Art

Für 4 Personen

2 Nieren à 400 g
Etwa 2 EL Madras-Curry
1 mittlere Zwiebel
2 dl Creme zu 35 %
1,5 dl Geflügelbrühe*
1 Bund Suppenkraut (Thymian, Petersilie, Lorbeer)
1 kleiner Reinette-Apfel
50 g Butter
1 EL geklärte Butter
Etwas Weintraubenkernöl
Etwas Zitronensaft
1 große Zwiebel
30 g Pinienkerne
1 EL + 1 TL Mehl
1/2 Bund glatte Petersilie
Salz und Pfeffer aus der Mühle
Basmati-Reispilaf:
Siehe Kapitel „Geflügel" das Rezept „Gebratenes Perlhuhn mit feinen indischen Gewürzen"

Vorbereitung

1 Die Nieren komplett entfetten und in 2 x 2 cm große Würfel schneiden. Die Adern entfernen. Die Würfel mit 1 EL Curry bestreuen und auf einem mit Klarsichtfolie geschützten Teller kühl stellen.

2 Die mittlere Zwiebel hacken. Den Apfel schälen, leeren und in 3 mm kleine Brunoise schneiden.

3 In einem Topf 1 EL geklärte Butter erhitzen, die gehackte Zwiebel hinzufügen, mit 1 EL Curry (gehäuft oder gestrichen, je nach Ihrem Geschmack) bestreuen, umrühren, um den Curry zu verteilen, und weiterrühren, bis er leicht anbrennt, die Apfelwürfel hinzugeben, alles goldgelb werden lassen, 1 TL Mehl unterrühren, dann mit der Brühe und der Creme ablöschen. Das Suppenkraut hineinlegen und auf kleiner Flamme 15 Minuten schmoren lassen.

4 Durch ein feines Sieb in einen anderen Topf gießen, mit Salz, Pfeffer und einigen Tropfen Zitronensaft abschmecken. Zur Seite stellen.

5 Die große Zwiebel schälen und in dünne Scheiben schneiden. In einer luftdichten Schüssel kühl stellen.

6 Die Petersilienstengel verkürzen und vor Luft geschützt kühl stellen.

7 Die Pinienkerne ohne Fett in einer beschichteten Pfanne auf mittlerem Feuer rösten. Zur Seite stellen.

Fertigstellung

1 Die Zwiebelringe in Mehl wenden und in einer Friteuse bei 180° rösten. Auf Küchenpapier abtropfen lassen.

2 Die Petersilie in der auf 150° zurückgeschalteten Friteuse rösten. Auf Küchenpapier abtropfen lassen.

3 Die Sauce erwärmen, mit dem Stabmixer 20 g Butter unterrühren und abschmecken.

4 Die Nieren würzen.

5 Eine große beschichtete Pfanne mit etwas Olivenöl stark erhitzen. Die Nierenwürfel hinzufügen und 30 Sekunden ununterbrochen rühren, dann 30 g Butter hinzugeben und nicht länger als eine Minute garen lassen, wobei die Nieren über eine einzige Schicht verteilt sein müssen. Auf einen Teller geben. Den Kochsaft in den Saucentopf gießen.

Anrichten
Die Sauce auf 4 vorgewärmte Teller verteilen, die Nieren kuppelförmig darauf legen, mit den gerösteten Zwiebelscheiben und der gerösteten Petersilie garnieren.
Mit Pinienkernen bestreuen.
Mit dem Basmati-Reispilaf servieren.

Kalbsbrieschen mit Trüffel-Risotto

Für 4 Personen

4 Kalbsbrieschen
8 Brick-Blätter
1 Eigelb
20 g Butter
3 EL geklärte Butter
Salz und Pfeffer aus der Mühle
Trüffel-Risotto:
150 g Reis
1 kleine Zwiebel
20 g weiße Trüffel
4 dl Geflügelbrühe*
30 g Butter
70 g echter Parmesan in einem Stück
2 EL Creme zu 35 %
1 EL Olivenöl
Salz und Pfeffer aus der Mühle

* Siehe Kapitel „Grundrezepte"

Vorbereitung

1 Das Kalbsbries drei bis vier Stunden unter etwas laufendem Wasser entschleimen. Anschliessend vorsichtig mit einem kleinen, spitzen Messer abhäuten, dabei alle Fettstreifen, Nervenstränge, das Fett, sowie die Knorpel entfernen.

2 Jede Nuss der Länge nach durchschneiden, ohne sie jedoch zu trennen, und wie ein Buch öffnen. Salzen und pfeffern und jede Nuss in Klarsichtfolie zu einem langen, zylindrischen Wickel formen.

3 10 Minuten dämpfen.

4 Danach ein Ende der Klarsichtfolie abschneiden, damit der Saft heraustreten kann, dann jeden Zylinder fest in Alupapier einwickeln und im Kühlschrank abkühlen lassen, damit sie ihre zylindrische Form behalten.

5 Die abgekühlten Brieschen auswickeln und leicht in 20 g Butter anbraten, ohne dass sie ihre Form verlieren.

6 Das Eigelb mit 1 EL Wasser in eine Tasse schlagen.

7 4 Brick-Blätter auf die Arbeitsfläche legen, jedes mit einem Kalbsbrieschen-Zylinder garnieren und zusammenrollen. Das Eigelb über 2 cm an der Verschlussstelle streichen. Das Brick-Blatt auf die Länge des Kalbsbrieschen-Zylinders zuschneiden. Alles auf einen Teller legen, mit Klarsichtfolie abdecken und kühl stellen.

Kochen und Fertigstellung

1 Den Backofen auf 220° (Th. 7) vorheizen.

2 Für den Risotto: 12 Parmesanscheiben abhobeln, den Rest raspeln.

3 Die weiße Trüffel schälen.

4 Die Zwiebel klein hacken, mit Olivenöl in einen Topf geben und auf mittlerem Feuer glasig werden lassen. Den Reis hinzufügen und so lange umrühren, bis er durchsichtig ist. Dann mit einem Teil der Brühe ablöschen und die Schalen der weißen Trüffel hinzugeben. Während des Garens von Zeit zu Zeit etwas Brühe nachgießen, um die Verdampfung zu kompensieren.

5 Wenn der Risotto fertig ist, 30 g Butter, den geraspelten Parmesan und die Creme unterrühren. Abschmecken.

6 In einer Pfanne die geklärte Butter stark erhitzen und die Brieschen anbräunen, sie dann noch 10 Minuten in den heißen Backofen schieben.

7 Auf Küchenpapier abtropfen lassen und jedes Brieschen in 3 gleiche Teile schneiden.

Anrichten
Den Risotto auf die vorgewärmten Teller verteilen, die Trüffel mit einer kleinen Trüffelraspel darüber raspeln, die Brieschen senkrecht darum herum legen und mit Parmesanspänen dekorieren.

Kalbsnieren im Backofen mit rotem Humagne

Vorbereitung

1 Für die Sauce 2 Schalotten klein hacken und die Knoblauchzehe zerquetschen. Mit 20 g Butter in einen Topf geben und die Schalotte auf mittlerem Feuer glasig werden lassen. Den Thymianzweig und den Wein hinzufügen und auf 1 dl einkochen lassen. Dann den Kalbsfond eingießen, aufkochen lassen, abschöpfen, dann langsam auf 1,5 dl, d.h. auf die Hälfte einkochen lassen.

2 Diese Sauce durch ein feines Sieb in einen kleinen Topf filtern, würzen und zur Seite stellen.

3 Die 2 Schalotten fein hacken.

4 Von den Nieren so viel Fett wegschneiden, dass noch 1 cm rundherum bleibt. Der Dicke nach teilen. Den größten Teil der in der Mitte sitzenden Adern entfernen. Die Oberfläche würzen, mit etwas Butter einreiben, etwas Thymian darüber abzupfen und mit den gehackten Schalotten bestreuen.

5 Das abgeschnittene Fett der Nieren in einem Bräter verteilen. Die Nieren mit dem abgeschnittenen Teil nach oben auf dieses Fettbett legen. Mit Klarsichtfolie abdecken und kühl stellen.

Fertigstellung

1 Den Backofen auf 250° (Th. 8-9) vorheizen.

2 Den Bräter in den Ofen schieben und 8 bis 10 Minuten schmoren lassen, die Nieren dann mit Alupapier bedecken, die Ofentür einen Spalt offen lassen und im Auge behalten: wenn Blut an der Oberfläche der halben Nieren austritt, sind sie gar. Den Bräter aus dem Backofen nehmen.

3 Den Backofen auf die Grillposition einstellen.

4 Die ganze Oberfläche der halben Nieren mit scharfem Senf einpinseln, dann das weiße Paniermehr darüber streuen.

5 Den Saucentopf erwärmen und mit einem kleinen Schneebesen 30 g aufgeweichte Butter unterrühren.

6 Die halben Nieren kurz vor dem Servieren 2 Minuten unter den Grill stellen.

Für 4 Personen

2 Kalbsnieren à 500 g
2 Schalotten
2 Thymianzweige
15 g Butter
1 EL scharfer Senf
1 bis 2 EL weißes Paniermehl (im Mixer zerkleinertes, trockenes Weißbrot)
Salz und Pfeffer aus der Mühle

Sauce mit rotem Humagne:

5 dl roter Humagne*
2 dl brauner Kalbsfond**
2 Schalotten
1 Knoblauchzehe
1 Zweig Thymian
40 g Butter
Salz und Pfeffer aus der Mühle

* Es handelt sich um eine Rebensorte des Schweizer Kantons Wallis. Sollten Sie diesen Wein nicht finden, ihn durch einen guten, sehr gehaltvollen Pinot Noir oder einen Rotwein aus dem Languedoc oder Corbières ersetzen.
** Siehe Kapitel „Grundrezepte"

Anrichten
Eine halbe Niere pro Person und die Sauce getrennt servieren. Diese halbe Niere vorzugsweise auf einem in Butter geschwenktem Spinatbett anrichten.

Knusprige Kalbsbrieschen mit Portwein und Ingwer

Für 4 Personen

4 große Kalbsbrieschen à
120 bis 140 g
70 g Ingwerwurzel
1 rote Paprika
1 gelbe Paprika
30 Blätter Estragon
1 EL Creme zu 35 %
1 EL Mehl
0,5 dl weißer Portwein
2,5 dl brauner Kalbsfond*
70 g Butter
3 EL geklärte Butter
Salz und Pfeffer aus der Mühle

* Siehe Kapitel „Grundrezepte"

Vorbereitung

1 Das Kalbsbriee drei bis vier Stunden unter etwas laufendem Wasser entschleimen. Anschliessend vorsichtig mit einem kleinen spitzen Messer abhäuten, dabei alle Fettstreifen, Nervenstränge, das Fett, sowie die Knorpel entfernen. Auf einem mit Klarsichtfolie geschützten Teller kühl stellen.

2 Die Ingwerwurzel schälen. 30 g in eine lange, 1 mm breite Julienne und den Rest in 2 mm kleine Brunoise schneiden.

Die Brunoise vor Luft geschützt kühl stellen.

3 Die Ingwer-„Julienne" in 3 EL sehr heißer geklärter Butter rösten. Mit der Schaumkelle herausnehmen und auf Küchenpapier abtropfen lassen, sobald sie goldgelb und knusprig ist.

4 In der gleichen geklärten Butter 30 Blätter Estragon rösten und neben dem Ingwer zur Seite stellen.

5 Die verbleibende geklärte Butter, die zum Braten des Kalbsbries verwendet wird, filetrieren.

6 Die Paprikas schälen, die Körner und weißen Teile entfernen und in etwa 1 cm lange und 3 mm breite Würfel schneiden. Vor Luft geschützt kühl stellen.

Fertigstellung

1 Die Kalbsbrieschen salzen und pfeffern, mit Creme bepinseln und in Mehl wenden.

2 Die Paprikawürfel in 10 g Butter anbraten und würzen. Auf Küchenpapier abtropfen lassen.

3 Die zurück gestellte geklärte Butter in einer beschichteten Pfanne stark erhitzen und die Brieschen darin braten, bis es schön goldgelb und knusprig ist. Dann das Fett aus der Pfanne gießen, die Flamme kleiner stellen, 40 g frische Butter in die Pfanne geben und die Briesstücke 5 bis 8 Minuten lang mit dieser schaumigen Butter begießen, dann auf einen Teller legen und warm halten.

4 Das überschüssige Fett weggiessen, dann auf großes Feuer stellen, mit dem Portwein ablöschen, einkochen lassen und den braunen Kalbsfond eingießen. Die Ingwer-Brunoise hinzugeben und bis zu einer sirupartigen Konsistenz einkochen lassen. Abschmecken, mit einem kleinen Schneebesen 20 g Butter unterrühren und die Sauce durch ein feines Sieb in eine warme Saucenschüssel gießen.

Anrichten
Die Paprikawürfel auf die Tellermitten verteilen. Die Kalbsbrieschen darauf legen und mit Sauce umranden.

Kalbsbrieschen und Entenleber mit grünem Spargel

Für 4 Personen

2 Kalbsbrieschen à 120 g
300 g rohe Entenleber
28 dünne grüne Spargel
200 g ganz kleine Pfifferlinge
1 Schalotte
1 dl brauner Kalbsfond*
0,5 dl Geflügelbrühe*
1 EL Sherry-Essig
10 Blätter Estragon
80 g Butter
2 EL geklärte Butter
1 EL Mehl
1 EL Creme zu 35 %
Salz und Pfeffer aus der Mühle

* Siehe Kapitel „Grundrezepte"

Vorbereitung

1 Das Kalbsbries drei bis vier Stunden unter etwas laufendem Wasser entschleimen. Anschliessend vorsichtig mit einem kleinen spitzen Messer abhäuten, dabei alle Fettstreifen, Nervenstränge, das Fett, sowie die Knorpel entfernen. Horizontal durchschneiden und auf einem mit Klarsichtfolie geschützten Teller kühl stellen.

2 Die Leber in 4 Scheiben schneiden, die Nervenstränge mit der Spitze eines kleinen Messers entfernen und auf einem mit Klarsichtfolie geschützten Teller kühl stellen.

3 Das harte Ende der Spargel und 5 cm lange Spitzen abschneiden, den Rest schräg in 1/2 cm große Stücke teilen.

4 Die Spitzen 3 bis 4 Minuten in kochendem Salzwasser garen, abschrecken und abtropfen lassen.

5 Die Pfifferlinge kurz abspülen (wenn nötig), abtropfenstränge lassen und in einer Schale kühl stellen, dessen Boden Sie mit einem gefalteten Tuch ausgelegt haben.

6 Die Schalotten für die Grundsauce klein hacken, mit dem Sherry-Essig in einen kleinen Topf geben und ganz einkochen lassen, mit dem braunen Kalbsfond ablöschen, aufkochen lassen, würzen und zur Seite stellen.

7 10 Blätter Estragon abzupfen und vor Luft geschützt kühl stellen.

Fertigstellung

1 Das Kalbsbries würzen, mit Creme bepinseln und in Mehl wenden.

2 Die geklärte Butter in einer beschichteten Pfanne stark erhitzen und die Brieschen kurz anbraten, bis es schön goldgelb und knusprig ist. Das Fett ausgießen, die Flamme kleiner stellen, 40 g Butter in die Pfanne geben und die Brieschen ununterbrochen 5 bis 7 Minuten lang begießen. Auf einen Teller legen und warm stellen.

3 Eine beschichtete Pfanne ohne Fett sehr stark erhitzen, die Pfifferlinge hineingeben, salzen, das Eigenwasser verdampfen lassen, 15 g Butter hinzufügen, pfeffern und 2 Minuten lang umrühren, dann vom Herd nehmen.

4 Die rohen schrägen Spargelstückchen und 0,5 dl Geflügelbrühe in einen Topf geben, die Flüssigkeit auf hoher Flamme verdampfen lassen, 15 g Butter hinzufügen, würzen, 1 Minute lang umrühren und die Pfifferlinge hineinschütten. Mit Estragon bestreuen. Vom Herd nehmen.

5 Die Spargelspitzen mit 10 g Butter erwärmen und würzen.

6 Die Leberscheiben würzen und in Mehl wenden. In eine sehr heiße beschichtete Pfanne ohne Fett legen und 30 Sekunden auf jeder Seite braten. Auf Küchenpapier abtropfen lassen.

Anrichten
Die Mischung aus Pfifferlingen und Spargelstückchen auf die Tellermitten verteilen, ein halbes Kalbsbrieschen darauf legen.
Daneben die Leberscheiben auf den Spargelspitzen anordnen.
Mit Sauce umranden.

Kalbsbrieschen in Kopfsalat mit vier Arten Pfeffer und Schalotten

Für 4 Personen

4 Kalbsbrieschen à 120 g
1 Kopfsalat
1 Tomate
100 g Schalotten
1 dl brauner Kalbsfond*
0,5 dl Geflügelbrühe*
0,5 dl Madeira
100 g Butter
2 El geklärte Butter
3 g schwarzer Mignonnette-Pfeffer
5 g weißer Pfeffer
10 g rosa Beeren
1 EL grüner Pfeffer
Etwas Zitronensaft
Salz und Pfeffer aus der Mühle

* Siehe Kapitel „Grundrezepte"

Vorbereitung

1 Das Kalbsbries drei bis vier Stunden unter etwas laufendem Wasser entschleimen. Anschliessend vorsichtig mit einem kleinen spitzen Messer abhäuten, dabei alle Fettstreifen, Nervenstränge, das Fett, sowie die Knorpel entfernen. Mit Küchenpapier abtrocknen, salzen und pfeffern.

2 Die weißen und grünen Pfefferkörner zerkleinern. Die rosa Beeren zerkleinern und die kleinen schwarzen Körner der Mitte entfernen, um nur die Schalen zu verwenden. Wenn Sie keinen Mignonnette haben, schwarze Pfefferkörner zerkleinern.

3 Die Schalotten klein hacken.

4 8 große Salatblätter 1 Minute in kochendem Salzwasser blanchieren, abschrecken, den mittleren Strunk entfernen und jeweils 2 sich etwas überlappende Blätter flach auf einem Tuch abtropfen lassen.

5 In einer beschichteten Pfanne 2 EL geklärte Butter sehr stark erhitzen und die Brieschen abbraten, bis sie schön goldgelb und knusprig sind. Das Fett ausgießen, das Feuer kleiner stellen, 40 g Butter, drei Viertel der gehackten Schalotten und alle zerkleinerten Pfeffer in die Pfanne geben, und die Brieschen 5 Minuten mit dieser Mischung begießen. Die Brieschen auf einen Teller legen.

6 Den Rest der Schalotten- und Pfeffermischung auf die Salatblätter verteilen, ein Kalbsbrieschen darauf setzen und fest zusammenrollen. Auf einem mit Klarsichtfolie geschützten Teller zur Seite stellen.

7 Für die Sauce, den Rest der gehackten Schalotten und 10 g Butter in einen kleinen Topf geben, die Schalotte bei mittlerer Hitze glasig werden lassen, dann mit dem braunen Kalbsfond und der Geflügelbrühe ablöschen und langsam 5 Minuten einkochen lassen. Mit Salz, Pfeffer und etwas Zitronensaft abschmecken. Durch ein feines Sieb in einen anderen Topf gießen und zur Seite stellen.

8 Die Tomate kreuzweise einschneiden, 15 Sekunden in kochendes Wasser und dann sofort in kaltes Wasser tauchen, enthäuten, in Viertel schneiden, nur das äußere Fleisch behalten und in 2 mm kleine Würfel schneiden. Vor Luft geschützt aufbewahren.

Fertigstellung

1 Den Backofen auf 200° (Th. 6) vorheizen.

2 Die gefüllten Salatkugeln mit Butter bepinseln und 10 Minuten in den warmen Backofen schieben.

3 Den Saucentopf erwärmen und die kleinen rohen Tomatenwürfel sowie 40 g Butter mit einem Schneebesen unterrühren.

Anrichten
Jedes Kalbsbrieschen im Salatmantel in drei Teile schneiden, in die Mitte der vorgewärmten Teller legen und mit Sauce umranden.
Dazu beispielsweise einen Kartoffel-Gratin servieren.

Im eigenen Saft gebratene Kalbsnieren mit Lorbeerblättern und Wachholder mit einem Kardone - Gratin

Für 4 Personen

2 Kalbsnieren je 500 gr.
(Fettschicht nicht entfernen)
200 gr. Schweinsnetz
20 gr. Wachholderbeeren
5 Lorbeerblätter
1 Schalotte
2 EL Madère
1.5 dl brauner Kalbsfond*
1 EL Gin
10 gr. Butter
1 EL Traubenkernöl
4 Halme italienische Petersilie
Salz und Pfeffer aus der Mühle

Kardone – Gratin:

1 kg Kardone
1 grosse Schalotte
5 dl Creme zu 35 %
1 Eigelb
20 gr. Butter
2 EL Mehl
2 EL weisser Essig
etwas Zitronensaft
Muskat
Salz und Pfeffer aus der Mühle

*siehe Kapitel Grundrezepte

Vorbereitung

1. Schweinsnetz in kaltes Wasser geben und während mindestens einer Stunde im Kühlschrank einweichen lassen.
2. Wachholderbeeren zerstossen.
3. Fett der Kalbsnieren bis auf eine Schicht von 1 cm wegschneiden. Fettabschnitte aufbewahren.
4. Eine Hälfte des Schweinsnetzes auf einem Tuch ausbreiten, eine Niere auf einen Seitenrand legen, zwei Lorbeerblätter und die Hälfte der Wachholderbeeren darauf verteilen, anschliessend Niere einpacken. Darauf achten, dass das Fleisch noch überall mit einer Fettschicht bedeckt ist. Eventuelle Löcher im Fett mit den Abschnitten zudecken. Mit der zweiten Niere gleich verfahren. Auf einem mit Klarsichtfolie geschützten Teller kalt stellen.
5. Kardone für den Gratin waschen und rüsten. Entfernen Sie dabei die äusseren und harten Stiele. Enthäuten Sie die verbleibenden zarten Teile und schneiden Sie diese in 6 cm lange Stücke, anschliessend sofort in Zitronenwasser legen, damit sie sich nicht verfärben.
6. Lösen Sie zum Kochen der Kardone ganz langsam zwei EL Mehl in 2 l kaltem Wasser auf , 15 gr. Salz und zwei EL weisser Essig dazugeben. Wenn das Wasser kocht, Gemüse in den Topf geben und während ca. 45 Minuten weich kochen .
7. In einer grossen Pfanne 20 gr. Butter zergehen lassen, die fein gehackte Schalotte zugeben und andünsten. Die gekochte Kardone beigeben und würzen. Anschliessend in Gratin Form legen.
8. Eigelb in Schüssel geben und mit Gabel aufschlagen.
9. Creme in gleiche Pfanne wie oben geben und zur Hälfte einkochen lassen. Mit Muskat, Salz und Pfeffer würzen und langsam in die Schüssel mit dem Eigelb geben. Anschliessend über Gemüse in Gratin-Form giessen.
10. Schalotte fein hacken, zugedeckt kühl aufbewahren.
11. Petersilienblätter abzupfen und ebenfalls kühl aufbewahren

Fertigstellung

1. Ofen auf 240 ° C vorheizen.
2. 1 EL Öl in Brattopf geben und stark erhitzen. Die Kalbsnieren würzen und rundherum anbraten. Während der nächsten 20 Minuten mehrere Male mit dem eigenen Fett übergiessen. Ofentüre öffnen und nochmals während 5 Minuten ohne Unterbruch mit dem eigenen Bratensaft übergiessen. Anschliessend Fleisch aus dem Bratblech nehmen und auf einem Teller in Alu-Folie eingepackt während 7 bis 8 Minuten ruhen lassen
3. Kardone – Gratin in Form während ca. 15 Minuten im Ofen gratinieren.
4. Bratensaft aus dem Brattopf abschütten und Pfanne auf mittleres Feuer stellen. 20 gr. Butter zergehen lassen, anschliessend die gehackte Schalotte, den Rest der zerstossenen Wachholderbeeren sowie ein zerkrümeltes Lorbeerblatt beigeben, den eingekochten Saft mit einer Spachtel auflösen. Madère beigeben sobald die Schalotte glasig ist und einkochen lassen. Anschliessend Fond dazugiessen, Hitze reduzieren und während 5 Minuten leicht kochen lassen. Flüssigkeit in kleine Pfanne absieben. Gin und Fleischsaft der zur Seite gestellten Nieren dazu geben. Sauce mit kalten Butterstückchen (ca. 20 gr.) aufmontieren, Sauce eventuell nach Belieben nachwürzen.
5. Kalbsnieren in Scheiben von 7 bis 8 mm aufschneiden.

Anrichten
Tranchen auf warme Teller geben, mit Sauce umranden, mit Kerbel Blättchen garnieren.
Restliche Sauce und Gratin separat servieren

Leckeres Kalbsnierenragout mit Trüffel und Portwein

Vorbereitung

1 Die Nieren komplett entfetten und in 2 x 2 cm große Würfel schneiden. Die Adern entfernen und die Nierenwürfel auf einem mit Klarsichtfolie geschützten Teller kühl stellen.

2 Die Trüffel grob hacken und vor Luft geschützt kühl stellen.

3 Die Schalotte für die Sauce klein hacken und mit 10 g Butter in einen Topf geben. Wenn sie glasig ist, mit Portwein ablöschen, komplett einkochen lassen, dann den Kalbsfond und die Creme eingießen und ganz langsam auf 2 dl einkochen lassen. Durch ein feines Sieb in einen anderen Topf gießen (groß genug, um danach die Nieren aufnehmen zu können), abschmecken und zur Seite stellen.

Fertigstellung

1 Die frischen Tagliatelle in reichlich kochendem Salzwasser und 1 EL Öl garen bis sie „al dente" sind, kurz abtropfen lassen und mit 20 g Butter wieder in den Topf geben. Umrühren, warm halten und würzen.

2 Die Nieren würzen.

3 Den Saucentopf erwärmen und mit dem Handmixer 40 g Butter unterrühren. Abschmecken und warm stellen.

4 Eine große beschichtete Pfanne sehr stark mit etwas Öl erhitzen, die Nierenwürfel (die über eine einzige Schicht verteilt sein müssen) und die gehackte Trüffel hinzugeben, 30 Sekunden ununterbrochen umrühren, dann 30 g Butter hinzufügen und noch höchstens eine weitere Minute umrühren. Den Inhalt der Pfanne sofort in die Sauce gießen.

Für 4 Personen

3 Kalbsnieren à 400 g
40 g schwarze Trüffel
1 Schalotte
1 dl Portwein
1,5 dl brauner Kalbsfond*
2 dl Creme zu 35 %
70 g Butter
Salz und Pfeffer aus der Mühle

Frische Nudelbeilage:

400 g frische Tagliatelle
1 EL Weintraubenkernöl
20 g Butter
Salz

* Siehe Kapitel „Grundrezepte".

Anrichten
Die Tagliatelle kronenförmig in die Mitte der vorgewärmten Teller setzen, das Nieren- und Trüffelragout in die Kronenmitte gießen.

Kalte Nachspeisen

Schokoladen-Feuillantine mit Birnen und Kumquats

Für 4 Personen

300 g Schokolade mit 70 % Kakaoanteil
1 EL Zitronensaft
4 Birnen
300 g + 100 g Zucker
1 Vanilleschote
100 g Kumquats
2 dl Orangensaft
50 g geschälte Haselnüsse
4 Kugeln Karamell-Eis*

* Siehe Seite „Eiscreme“

Vorbereitung

1 Die 300 g Schokolade in Stücke brechen, langsam im köchelnden Wasserbad schmelzen lassen, ohne die Temperatur von 45° zu überschreiten. Die geschmolzene Schokolade in einer 3 mm dünnen Schicht auf Pergamentpapier streichen. Mit einer Ausstechform 12 Scheiben mit einem Durchmesser von 7 cm ausstechen und im Kühlschrank erkalten lassen.

2 5 dl Wasser, 300 g Zucker, die gespaltene und geschabte Vanilleschote sowie den Zitronensaft in einen Topf geben.

3 Die Birnen schälen und sofort in die o.g. Flüssigkeit tauchen, damit sie nicht schwarz werden. Aufkochen und 10 bis 15 Minuten (je nach Reife der Birnen) köcheln lassen. Mit einem Messer prüfen, ob sie gar sind. Vom Herd nehmen und die Birnen in ihrem Sirup erkalten lassen.

4 Die Kumquats vierteln und entkernen.

5 In einem Topf den Orangensaft mit 100 g Zucker aufkochen lassen. Die Kumquats-Viertel hinzufügen, vermischen und auf mittlerer Flamme 6 Minuten garen lassen. Die Früchte müssen noch etwas bissig sein.

6 Die Haselnüsse im auf 180° (Th. 5) vorgeheizten Backofen anrösten. Grob zerkleinern und zur Seite stellen.

Anrichten
Eine Schokoladenscheibe und eine halbe gefächerte Birne auf die Teller legen.
Eine Schokoladen-Feuillantine, eine halbe, gefächerte Birne und eine dritte Schokoladen-Feuillantine darauf legen.
Daneben eine Kugel Karamell-Eis umgeben mit einer Krone von Kumquat-Vierteln anordnen.
Mit einigen Tropfen geschmolzener Schokolade, geschmolzenem Karamell-Eis dekorieren und mit den zerkleinerten Haselnüssen bestreuen.

Wassermelonen-Gelee

Für 4 Personen

1,500 kg Wassermelone
Etwa 150 g Zucker
1 Zitronensaft
5 Blätter Gelatine
1 Grapefruit
4 Zweige Pfefferminz

Vorbereitung

1 Die Gelatineblätter in kaltem Wasser einweichen.

2 Das Wassermelonenstück schälen. 50 g Fleisch für die Dekoration aufbewahren.

3 Das Fleisch in große Würfel schneiden, die Kerne entfernen, das Fleisch mixen und durch ein feines Sieb streichen.

4 1 Liter dieses Wassermelonensafts abmessen und in einen Topf gießen, je nach Ihrem Geschmack und Süße der Frucht 100 bis 150 g Zucker hinzugeben. Dann den Saft einer Zitrone (bis auf einen halben Teelöffel) eingießen und auf kleinem Feuer erwärmen, so dass alle verbleibenden Fleischpartikel an die Oberfläche steigen.

5 Diesen Saft mehrmals durch ein Seihtuch gießen, bis eine glasierende Flüssigkeit übrig bleibt.

6 1 dl dieses Safts entnehmen, in einen kleinen Topf gießen, die zwischen Ihren Händen gut abgetrockneten Gelatineblätter hinzufügen und unter Umrühren erwärmen ohne aufzukochen. Sobald die Gelatine geschmolzen ist, den Rest des Wassermelonensaft eingießen, umrühren und kühl stellen, bis das Gelee zur Hälfte steif ist.

7 Die Grapefruit schälen und 6 Viertel auslösen, in 3 mm kleine Würfel schneiden. Vor Luft geschützt kühl stellen.

8 Die aufbewahrten 50 g des Wassermelonenfleisches in kleine Würfel schneiden, in eine Schüssel geben, etwas zuckern und mit einem Schuss Zitronensaft abschmecken.

9 1 EL des halbfesten Gelees in 4 Martini-Gläser füllen, einige Wassermelonenwürfel darüber streuen, dann wieder eine Geleeschicht einfüllen, und so weiter, bis die Gläser voll sind. Einige Stunden im Kühlschrank steif werden lassen.

Anrichten
Jedes Glas mit kleinen Grapefruit-Würfeln und Pfefferminzblättern dekorieren.

Walderdbeerschaum mit Champagner

Vorbereitung

1 100 g Erdbeeren aufbewahren.

2 Die anderen mit Zucker und Zitronensaft mixen, den Champagner hinzufügen und den Zuckergeschmack abschmecken.

3 Die Gläserränder kurz in Zitronensaft, dann in Zucker tauchen.

4 Die Pistazien zerkleinern.

Für 4 Personen

400 g Walderdbeeren
1,5 dl Champagner
50 g Zucker
1/2 Zitronensaft
20 g geschälte Pistazien
Zucker für die Glasränder

Anrichten
1 EL Walderdbeeren in das Glas geben und nach Belieben zuckern.
Erdbeerschaum darüber gießen und jedes Glas mit 1 Erdbeere und Pistazien dekorieren.
Sehr kalt servieren.

Eis

Eiscreme

Es ist nicht möglich, die Rührzeit für hausgemachtes Eis präzise anzugeben, die je nach Marke des benutzten Geräts sehr unterschiedlich sein kann.

Im Idealfall müssen die Eiscremes zwischen –8° und –12° im Gefrierschrank oder Kühltruhe aufbewahrt werden. Kann diese Temperatur nicht im Gefrierschrank eingestellt werden, muss das Eis einige Augenblicke vorher herausgenommen und in den Kühlschrank gestellt werden. Aber auch hier muss getestet werden, da diese Zeit zwischen einer halben Stunde und mehr als einer Stunde schwanken kann!

Karamell-Eis

150 g Würfelzucker, 5 Eigelb, 120 g Creme zu 35 %,
200 g Milch, 1/2 Vanilleschote.

Zubereitung

1 Die Milch und die Creme in einen Topf gießen und aufkochen lassen.
2 In einem anderen Topf den Zucker in kleinen Mengen ohne Flüssigkeit anbräunen.
3 Dann die kochende Milch und Creme unterschlagen.
4 Das Eigelb in eine Schüssel geben und die o.g. Flüssigkeit langsam unterschlagen. Im Topf zur Seite stellen.
5 Die Flüssigkeit auf sehr kleinem Feuer unter Umrühren wie eine englische Creme eindicken lassen, bis sie am Löffelrücken haftet.
6 In eine Schüssel gießen und komplett abkühlen lassen, dann in der Sorbetière rühren lassen.

Karamell-Eis mit Pralin

250 g Würfelzucker, 2 Vanilleschoten, 3,5 dl Milch, 8 Eigelb, 2 dl Doppelrahm, 70 g Pralin*

* Siehe Kapitel „Grundrezepte“

Zubereitung

1 Die Pralinen hacken.
2 Die Zuckerwürfel und die geöffneten und jeweils in drei Teile geschnittenen Vanilleschoten in einen emaillierten Topf geben. Auf schwachem Feuer erwärmen und nicht umrühren so lange der Zucker nicht geschmolzen ist.
3 Wenn der Zucker geschmolzen ist und beginnt, farbig zu werden, auf immer noch sehr schwachem Feuer mit der Spachtel umrühren, bis er schön braun ist.
4 Dann den Topf vom Herd nehmen und den Karamell mit dem Doppelrahm ablöschen, kräftig rühren und auf Spritzer achten.
5 Wieder auf eine sehr kleine Flamme stellen und mit der Spachtel umrühren, bis der Karamell komplett aufgelöst ist. Vom Herd nehmen.
6 Die Milch aufkochen.
7 Das Eigelb in einer Schale schlagen und nach und nach die kochende Milch kräftig unterschlagen.
8 Diese Mischung in den Karamelltopf schlagen und wieder auf den Herd stellen, bis zum ersten Zeichen des Aufkochens weiterschlagen.
9 Die Vanilleschoten herausnehmen, durch ein feines Sieb gießen und abkühlen lassen.
10 Die gehackte Pralinenmasse hinzugeben, mischen, in der Sorbetière ruhen lassen.

Mandelmilch-Eis

5 dl Mandelmilchsirup (in Orient-Feinkostläden erhältlich), 5 dl Milch, 2,5 dl Creme zu 35 %, 50 g italienisches Baiser*

* Siehe Kapitel „Grundrezepte“

Vorbereitung

1 Das italienische Baiser zubereiten.
2 Die Milch und den Mandelmilchsirup mixen und die Mischung in die Sorbetière gießen.
3 Mit dem Rühren beginnen und das italienische Baiser erst gegen Ende des Rührens, wenn das Eis schon halb fest ist, zugeben.

Kokosnussmilch-Eis

Aufguss: 20 g Kokosnusspulver, 25 g feinen Zucker, 25 g Milch.
Eis: 5 dl Milch, 70 g Aufguss, 6 Eigelb, 250 g Zucker, 1 dl Creme zu 35 %.

Vorbereitung:

1 Für den Aufguss, die Milch und den Zucker gemeinsam aufkochen. Kochend über das Kokosnusspulver gießen, die Schussel für einen besseren Aufguss mit Klarsichtfolie abdecken und 2 bis 3 Stunden ziehen lassen.
2 Das Eigelb kräftig in einer Schüssel schlagen, bis die Mischung weiß wird.
3 Die Milch und den Aufguss in einen Topf gießen, aufkochen lassen, dann kochend über die o.g. Mischung geben und unterschlagen.
4 Wieder in den Topf geben und auf sehr schwachem Feuer wie eine englische Creme unter Umrühren eindicken aber nicht aufkochen lassen.
5 Wenn die Creme an der Spachtel haftet, die Flamme abschalten, die Creme hinzufügen, mischen und vom Herd nehmen.
6 Abkühlen lassen, in die Sorbetière geben und rühren lassen.

Haselnuss-Eis

5 Eigelb, 125 g Zucker, 150 g Pralinenmasse (bei einem Konditor kaufen), 5 dl Milch, 1,5 dl Creme zu 35 %, 75 g geschälte Haselnüsse.

Vorbereitung:

1 Zunächst die Haselnüsse im auf 180° (Th. 5) vorgeheizten Backofen unter Aufsicht rösten, denn wenn sie zu schnell farbig werden, werden sie bitter. Zerkleinern und zur Seite stellen; sie werden beim Servieren über das Eis gestreut.
2 Das Eiweiss vom Eigelb trennen. Das Eigelb so lange mit dem Zucker verrühren, bis die Mischung weiß wird.
3 Die Milch, die Creme und die Pralinenmasse in einen Topf geben, aufkochen lassen und kochend unter das Eigelb schlagen.
4 Wieder in den Topf geben, bis zum ersten Zeichen des Aufkochens erwärmen, durch ein feines Sieb gießen und abkühlen lassen.
5 In die Sorbetière geben und rühren lassen.

Eis mit Rum und Smyrna-Rosinen

2,5 del Milch, 2,5 dl Creme zu 35 %, 3 Eigelbe, 125 g Zucker, 2 EL brauner Rum, 50 g Smyrna-Rosinen.

Vorbereitung:

1 Die Rosinen eine Stunde vorher in Rum einweichen.
2 Das Eigelb und den Zucker verrühren, bis die Mischung weiß wird.
3 Die Milch und die Creme aufkochen lassen und kochend unter das Eigelb schlagen.
4 Wieder in den Topf geben und auf sehr kleinem Feuer wie eine englische Creme eindicken lassen, mit dem Spachtel umrühren, bis die Creme am Spachtel haftet.
5 Die Rosinen abtropfen lassen und den Rum auffangen. Ihn in die Creme gießen und durch ein feines Sieb filtern.
6 In die Sorbetière gießen und rühren lassen. Sobald das Eis steif zu werden beginnt, die Rosinen hinzufügen.

Erdbeer- und Bananensalat mit Zitrusfruchtschalen

Für 4 Personen

500 g Erdbeeren
2 Bananen + 1 nicht zu reife Banane
für die Dekoration
1 Orange
1 Zitrone
1 Lemon
100 g + 2 bis 3 EL Zucker

Vorbereitung

1 Den Backofen auf 80° (Th. 1) vorheizen.

2 Die 3 Zitrusfrüchte unter warmem Wasser bürsten und sorgfältig abtrocknen.

3 Die Schalen in Streifen abschälen und die weiße bittere Haut unter den Schalen mit einem kleinen Messer entfernen. Alle Schalenstreifen in eine feine, 1 mm breite „Julienne" schneiden.

4 Die „Julienne" 30 Sekunden in kochendem Wasser blanchieren und abtropfen lassen.

5 1 dl Wasser und 100 g Zucker in einem kleinen Topf kurz aufkochen lassen, die Julienne hinzufügen, wieder aufkochen und 3 Minuten köcheln lassen, den Topf vom Herd nehmen. Zur Seite stellen.

6 Mit einer Raspel oder einem Elektromesser aus der für die Dekoration vorgesehenen Banane 4 dünne Streifen von 2 mm in Breitenrichtung ausschneiden. Pergamentpapier auf das Backblech legen, die Bananenstreifen darauf verteilen und eine halbe Stunde in den Backofen schieben.

7 Den Saft einer halben Zitrone und einer Viertel-Orange auspressen.

8 Die Erdbeeren waschen und reinigen, abtropfen lassen. 12 große Erdbeeren vierteln und vor Luft geschützt kühl stellen.

9 2 Bananen und den Rest der Erdbeeren in 1/2 cm große Würfel schneiden. In eine große Schüssel geben und mit dem Zitronen- und Orangensaft übergießen. 2 oder 3 EL Zucker (je nach Ihrem Geschmack) darüber streuen, 2 TL abgetropfte kandierte Schalen untermischen und kühl stellen.

Anrichten
Die Erdbeerviertel um den Tellerrand verteilen und den kleinen Erdbeer- und Bananensalat in der Mitte anordnen.
Mit einer getrockneten Bananenlamelle dekorieren und die kandierte Schalen-Julienne darüber streuen.

Ananas-Dartois

Für 4 Personen

500 g Butter-Blätterteig*
1 Ananas
50 g Rosinen
100 g Zucker
30 g Butter
100 g Mandelmasse (bei einem Konditor kaufen)
0,5 dl Rum
2 Eigelbe
Puderzucker
4 Kugeln Rum- und Smyrna-Rosinen-Eis (fakultativ)**

* Siehe Kapitel „Grundrezepte“
** Siehe Rezept „Eiscremes“

Vorbereitung

1 Die Rosinen 30 Minuten in warmem Wasser aufweichen, abtropfen lassen und in Rum einlegen.

2 Die Ananas sorgfältig schälen, vertikal vierteln und die harten Innenteile entfernen. Jedes Viertel in 1 cm dicke Scheiben schneiden.

3 Eine beschichtete Pfanne vorheizen, 30 g Butter darin auflösen und, sobald sie schaumig wird, die Ananasscheiben hineinlegen. Mit Zucker berieseln und bei sehr mäßigem Feuer das ganze Eigenwasser verdampfen lassen.

4 Die abgetropften Rosinen in die Pfanne geben, die Flamme etwas größer stellen und alles etwas karamellisieren lassen. Zur Seite stellen.

5 Den Blätterteig 3 – 4 mm dick ausrollen und 2 Rechtecke von 30 cm Länge und 12 cm Breite zuschneiden. Auf ein Blech legen und 20 Minuten kühl stellen.

6 Nach dieser Ruhezeit im Kühlen, eins der Blätterteigrechtecke mit der Mandelmasse bestreichen, einen Rand von 2 cm frei lassen.

7 Die Ananasscheiben auf der Mandelmasse verteilen, die Rosinen darüber streuen.

8 Den freigelassenen Teigrand mit Eigelb einpinseln und das zweite Rechteck auflegen. Gut andrücken und mit einer Teelöffelspitze rund herum gut verschließen. Mit einem Teigrädchen egalisieren.

9 Den Dartois mit Eigelb bepinseln und mit einer Messerspitze einritzen, ohne jedoch den Teig zu durchlöchern.

Den Dartois während des Vorheizens des Backofens kühl stellen.

Kochen

1 Den Backofen auf 240° (Th. 8) vorheizen.

2 Den Dartois 15 Minuten einschieben.

3 Dann die Ofentemperatur auf 220° (Th. 7) zurückschalten und 15 bis 20 Minuten weiterbacken lassen, aber 5 Minuten vor dem Ende die Oberfläche des Dartois mit Puderzucker bestreuen und ihn erst aus dem Backofen nehmen, wenn der Zucker schön goldgelb geworden ist.

Anrichten
Den Dartois warm oder kalt mit einem Rum- und Rosinen-Eis servieren.

Pfirsich- und Walderdbeerschaum

Für 4 Personen

1,300 kg weiße Pfirsiche
200 g Zucker
1 Zitrone
1 dl Maraschino
250 g Walderdbeeren
20 g geschälte Pistazien

Vorbereitung

1 Den Saft einer halben Zitrone auspressen

2 1 kg Pfirsiche abwiegen, entkernen, nicht schälen und mit der Hälfte des Maraschino, 150 g Zucker und dem Saft der halben Zitrone mixen.

3 Durch ein feines Sieb streichen und kühl stellen.

4 Die restlichen Pfirsiche 15 Sekunden in kochendes Wasser und dann sofort in kaltes Wasser tauchen. Schälen und entkernen.

5 Das Fleisch dieser Pfirsiche in kleine Würfel schneiden, in eine Schale geben, etwas zuckern, Zitronensaft und den Rest des Maraschino hinzufügen.

Kühl stellen.

6 Die Pistazien der Länge nach durchteilen und dann in dünne Streifen schneiden.

Anrichten

Den Schaum in kleinen Schalen anrichten, mit den eingelegten Pfirsichwürfeln und den Walderdbeeren dekorieren, mit den Pistazien bestreuen.

Erdbeertörtchen

Für 4 Personen

8 kleine Törtchen (bei einem Konditor bestellen)
125 g Walderdbeeren
4 Schokoladenstücke mit 70 % Kakaoanteil
4 große Kugeln Karamell-Eis mit Praline*
20 g geschälte Pistazien
100 g Pralin
Puderzucker
Erdbeersauce:
250 g Erdbeeren
100 bis 150 g Zucker
1 Zitronensaft

* Siehe Seite „Eiscremes"

Vorbereitung

1 Die Erdbeeren für die Sauce waschen und reinigen, abtropfen lassen, mit dem Zucker und dem Zitronensaft in die Mixerschale geben und 2 Minuten mixen.
Durch ein feines Sieb streichen, um die kleinen Körner zu beseitigen.

2 Die Pistazien für die Dekoration hacken.

Fertigstellung

1 Die 4 Schokoladenstücke auf ganz kleinem Feuer schmelzen lassen. Eine sehr dünne Schicht auf die Törtchen streichen und, bevor sie hart wird, über die ganze Fläche die Walderdbeeren senkrecht verteilen. Die Schokolade hält die Erdbeeren fest!

2 Die anderen 4 Törtchen mit jeweils einer Kugel Pralinen-Eis füllen. Die Eiskugel mit einer Spachtel flach formen.

3 Sie behutsam in Pralin wenden.

Anrichten
Die Erdbeersauce in die Dessertteller gießen, ein Eistörtchen in die Mitte und darauf ein Erdbeertörtchen setzen.
Mit Puderzucker und gehackten Pistazien dekorieren.

„Nion“-Kuchen

Für 4 bis 6 Personen (eine Form mit 20 cm Durchmesser)

300 g Zuckerteig
50 g Nion (Nussmasse)
2 Eier
1 Eigelb
100 g Milch
100 g Creme zu 35 %
90 g Zucker
1 EL Nussöl
1 EL Pflaumenkonfitüre

* Siehe Kapitel „Grundrezepte“

Vorbereitung

1 Den Backofen auf 230° (Th. 7-8) vorheizen.

2 Den Teig 3 bis 4 mm dick ausrollen und eine Form mit einem Durchmesser von 20 cm auf einem Blech eindrücken. Eine Alu-Scheibe auf den Boden legen und mit trockenen Erbsen füllen. Für etwa 25 Minuten in den Backofen schieben und ohne auszuformen abkühlen lassen.

3 Die Backofentemperatur auf 150° (Th. 4) zurückschalten.

4 Die „Nion“ klein raspeln, mit der Milch mischen und 15 Minuten ruhen lassen.

5 Dann die Creme, die Eier, das Eigelb und den Zucker mit einem kleinen Schneebesen untermischen, die Mischung durch ein Sieb in eine andere Schüssel streichen.

6 Die Pflaumenkonfitüre hinzugeben und mit dem Stabmixer pürieren.

7 Das Blech mit der eingedrückten Teigform in den Backofen schieben und den Teigboden mit der „Nion“-Mischung füllen.

8 30 bis 35 Minuten backen. Durch Abtasten des Kuchens mit der Fingerspitze prüfen, ob er gar ist: wenn sich die Masse zu stark bewegt, einige Minuten weiterbacken.

9 Das Blech aus dem Ofen nehmen, den Kuchen auf ein Gitter gleiten und abkühlen lassen, bevor Sie die Form entfernen.

N.B.: Man kann anstelle der „Nion“ ebenfalls Nuss- oder Haselnussmasse à 100 g für einen Kuchen verwenden, wobei der Zucker dann überflüssig ist.

Warme Nachspeisen

Ananas-Dacquois, Kokosnuss-Eis und Passionsfruchtsauce

Für 4 Personen

200 g Wiener Teig*
1 mittlere Ananas (schön reif)
1 dl Passionsfruchtsaft aus dem Handel (oder etwa 500 g Passionsfrüchte auspressen)
30 g geschälte Pistazien
20 g Pralin*
20 g Butter
4 Kokosnuss-Eis-Röllchen**
Zucker
Baiser: (Schaumgebäck)
50 g Eiweiß
100 g Zucker

* Siehe Kapitel „Grundrezepte"
** Siehe Kapitel „Kalte Vorspeisen"

Vorbereitung

1 Den Backofen auf 210° (Th. 6-7) vorheizen.

2 Den Teig für den Kuchenboden 1,5 cm dick ausrollen und mit einer Ausstechform 4 Scheiben mit einem Durchmesser von 7 cm ausstechen, auf ein mit Pergamentpapier bedecktes Blech legen und für 8 Minuten in den warmen Backofen schieben. Zur Seite stellen.

3 Die Ananas schälen, senkrecht vierteln, die harten Teile entfernen und das ganze Fleisch in 1 cm große Würfel schneiden.

4 In einer großen, beschichteten Pfanne 20 g Butter erhitzen, die Ananasscheiben hineingeben und unter Umrühren mit einer Spachtel bis zum kompletten Verdampfen der Säfte garen. Nach Ihrem Geschmack zuckern, ganz leicht karamellisieren lassen und auf einen Teller geben. Abkühlen lassen und kühl stellen.

5 Die Pistazien hacken und zur Seite stellen.

Fertigstellung

1 50 g Eiweiß und 100 g Zucker schlagen, um ein festes Baiser zu erhalten.

2 Den Backofen auf 240° (Th. 8) vorheizen.

3 Auf jedem Kuchenboden eine Kuppel aus Ananaswürfeln anordnen.

4 Die Ananaswürfel mit einem Spritzbeutel komplett mit Baiser-Tüpfelchen überziehen, was dann eine Art „Igel" ergibt.

5 Die Dacquois auf ein Backblech setzen und für etwa 7 Minuten in den warmen Backofen schieben.

Anrichten
Einen Passionsfruchtsaucenspiegel in die Tellermitte gießen.
Die Dacquois auf ein Kokosnuss-Eis-Röllchen setzen und auf der Sauce anordnen.
Mit gehackten Pistazien und „Craquelin" dekorieren.

Pfirsiche und Erdbeeren mit in Rotwein kandierter Feigenmarmelade, Zitrusfrucht-Sabayon und gerösteten Mandeln

Für 4 Personen

2 große Pfirsiche
125 g kleine Erdbeeren
4 kleine Feigen
1 dl Rotwein
60 g Zucker
1/2 geriebene Zitronenschale
1/2 geriebene Orangenschale
30 g gehackte Mandeln
und für den Sabayon:
1 Eigelb
1/2 dl Zitronensaft
1/2 dl Orangensaft
50 g Zucker

Vorbereitung

1 Die Feigen schälen und würfeln. Mit dem Rotwein, dem Zucker und den Zitronen- und Orangenschalen in einen kleinen Topf geben. Auf großer Flamme aufkochen lassen, die Feigen dabei mit einer Gabel zerdrücken, bis eine Marmelade entsteht. Zur Seite stellen.

2 Die gehackten Mandeln in einer beschichteten Pfanne auf mittlerem Feuer anrösten, dabei umrühren, bis sie schön goldgelb sind. Zur Seite stellen.

3 Die Walderdbeeren waschen, reinigen und abtropfen lassen. Vor Luft geschützt kühl stellen.

Fertigstellung

1 1/2 dl Zitronensaft und 1/2 dl Orangensaft auspressen.

2 Die Pfirsiche schälen, teilen, die Kerne entfernen und jede Hälfte in 4 Viertel schneiden. Sie in der Mitte von kleinen tiefen Tellern kreisförmig anordnen.

3 Ein Wasserbad vorbereiten, einen halbkugelförmigen Metallbehälter zur Hälfte eintauchen.

4 Das Eigelb, den Zitronen- und Orangensaft und den Zucker in diesen Behälter geben und mit dem elektrischen Schneebesen so lange schlagen, bis die Mischung schaumig wird und ihr Volumen mindestens vervierfacht.

5 Die Erdbeeren durchschneiden oder vierteln.

Anrichten

1. Die Feigenmarmelade in die Mitte der Pfirsichviertel setzen.
2. Die Erdbeeren kreisförmig auf den Pfirsichen anordnen.
3. 2 EL Sabayon über die Erdbeeren gießen.
4. Mit Mandeln bestreuen.

Ananas- und Feigen-Charlotte, Mandelmilch-Eis

Für 4 Personen

1 mittlere Ananas
8 Röllchen Mandelmilch-Eis
2 violette Feigen
2 EL Maraschino
200 g Himbeeren
1 dl Wasser
150 g Zucker
30 g Butter
Zucker

* Siehe Kapitel „Kalte Nachspeisen"

Vorbereitung

1 Den Backofen auf 120° (Th. 2) vorheizen.

2 Vier Schalen mit einem Durchmesser von 6 cm für die Ananas-Charlotten mit Butter einreiben.

3 Die Ananas schälen, die oberste Scheibe entfernen, dann 4 Scheiben von 3 mm Dicke abschneiden. 150 g Zucker und 1 dl Wasser in einen Topf geben, aufkochen lassen und die Ananasscheiben 1 Minute in diesem Sirup garen lassen. Abtropfen lassen und auf ein mit Pergamentpapier belegtes Blech legen. Eine Stunde im warmen Backofen trocknen lassen und zur Seite stellen.

4 Den Rest der Ananas senkrecht vierteln, die faserigen Innenteile entfernen und aus 2 Vierteln mit dem Elektromesser 2 mm dicke Streifen in senkrechter Richtung ausschneiden.

5 Die Breite dieser Streifen auf 1,5 cm verkleinern.

6 Die 4 Schalen mit diesen Ananasstreifen auslegen, die sich überlappen und über den oberen Rand reichen müssen (wenn Sie nicht genügend Streifen haben, die fehlenden aus einem der verbleibenden Viertel ausschneiden).

7 Den ganzen Rest des Ananasfleisches in 5 mm kleine Würfel schneiden.

8 2 Feigen schälen und in 5 mm kleine Würfel schneiden.

9 In einer beschichteten Pfanne 30 g Butter erhitzen, die Ananaswürfel hinzugeben und garen lassen, bis ihr Saft komplett verdampft ist. Nach Ihrem Geschmack und dem Reifegrad der Ananas zuckern. Mit Maraschino ablöschen, vom Herd nehmen, die Feigenwürfel hinzugeben und vorsichtig umrühren.

10 Die Schalen mit dieser Mischung füllen, die Ananasscheiben darüber klappen und gut in Klarsichtfolie eingewickelt kühl stellen.

11 Für die Himbeersauce die Himbeeren mixen und dann durch ein feines Sieb streichen, um die kleinen Körner zu entfernen, je nach Ihrem Geschmack zuckern. Zugedeckt kühl stellen.

Fertigstellung

1 Den Backofen auf 150° (Th. 4) vorheizen.

2 Die Schalen für 10 Minuten in den warmen Ofen schieben.

Anrichten

1. Etwas Sauce in die Tellermitte gießen.
2. Eine Ananas-Charlotte in der Mitte ausformen.
3. 2 Röllchen Mandelmilch-Eis darunter legen.
4. Mit einer Scheibe getrockneter Ananas dekorieren.

Karamellisierte Delikatesse mit Reinette-Äpfeln und Zitronat, Eiscreme mit Rum und Smyrna-Rosinen

Für 4 Personen

250 g Butter-Blätterteig*
5 Zitronenschalen
4 Reinette-Äpfel
150 g Zucker
1 großer EL feiner Zucker
50 g Butter
4 große Röllchen Eis mit Rum und Smyrna-Rosinen**

* Siehe Kapitel „Grundrezepte"
** Siehe Kapitel „Kalte Nachspeisen"

Vorbereitung

1 Den Backofen für die Delikatessen auf 250° (Th. 8-9) vorheizen.

2 Den Blätterteig in 14 Stücke teilen. Auf einem mit Pergamentpapier bedeckten Brett 2 mm dick ausrollen und mit dem feinen Zucker bestreuen, um ein knuspriges Gebäck zu erhalten. 10 Minuten kühl stellen, dann (stets auf Pergamentpapier) auf das Backblech legen und unter Aufsicht in den warmen Backofen schieben. Abkühlen lassen und die Delikatessen mit einer Ausstechform mit einem Durchmesser von etwa 7 cm ausstechen.

3 Die Zitronenschale für das Zitronat abschälen, alle weißen Häute unter der Schale mit einem kleinen Messer entfernen und die Schalen in 1 mm breite Julienne schneiden. Diese Julienne in kochendes Wasser tauchen, 1 Minute aufkochen und abtropfen lassen. Diesen Arbeitsgang noch zweimal wiederholen und abtropfen lassen.

4 2 Zitronen auspressen. Dann mit 100 g Zucker, dem Saft der 2 Zitronen und 1 dl Wasser einen Sirup zubereiten, eine Minute aufkochen lassen und die „Julienne"eintauchen, bei kleinem Feuer 10 Minuten schmoren lassen. Auf einem Gitter abtropfen lassen.

5 Die Äpfel schälen, entkernen und in 1 cm große Würfel schneiden. Fest in Klarsichtfolie einwickeln und kühl stellen, damit sie nicht schwarz werden.

6 Noch eine Zitrone auspressen und zur Seite stellen.

Fertigstellung

1 50 g Butter in einer Pfanne erhitzen, wenn sie schäumt, 50 g Zucker hinzufügen, bräunlich werden lassen und sofort mit dem Zitronensaft ablöschen. Kurz aufkochen lassen, die Apfelwürfel und die kandierte Schalen-Julienne hinzugeben, kurz anbraten. Achtung, die Äpfel braten sehr schnell ! Vom Herd nehmen und abtropfen lassen.

Anrichten
Auf eine Seite des Tellers 1 Delikatesse mit etwas Apfel- und Juliennemischung darauf anordnen, eine andere ebenfalls mit dem Obst bedeckte Delikatesse darüber und die dritte Delikatesse als Deckel.
Auf die andere Seite ein großes Röllchen Rum- und Rosinen-Eis legen. Eine geteilte Delikatesse hineinstecken und den Teller nach Ihrem Geschmack oder wie auf dem Foto mit Pistazien, einigen Tropfen Schokolade und Vanille-Creme dekorieren.

Bananen-Soufflé

Für 4 Personen

4 Bananen
2 Eier
4 Zitronen
30 g Butter
170 g Zucker
12 geschälte Pistazien
Feiner Zucker

Vorbereitung

1 Die Zitronen unter warmem Wasser bürsten und sorgfältig abtrocknen. Die Schale in dünne Streifen abschälen. Alle weißen Teile unter der Haut entfernen und in eine dünne Julienne schneiden.

2 Die Zitronen auspressen, den Saft durch ein feines Sieb in einen Topf filtrieren, 3 EL Wasser, 100 g Zucker hinzufügen und kurz aufkochen lassen. Die Schalen-Julienne hinzugeben und etwa 5 Minuten kochen lassen, bis sie weich ist.

3 4 Soufflé-Formen mit einem Durchmesser von 7 cm großzügig mit Butter einreiben und in den Kühlschrank stellen.

4 Die Pistazien in dünne Stäbchen schneiden und zur Seite stellen.

Fertigstellung

1 Den Backofen auf 250° (Th. 8-9) vorheizen.

2 Die Bananen schälen. 100 g Fleisch abwiegen, durch ein Sieb pürieren.

3 Die anderen Bananen in dünne Scheiben schneiden.

4 Die Eiweiße von den Eigelben trennen.

5 1 Eigelb in eine kleine Schüssel geben, 35 g Zucker hinzufügen, aufschlagen und das Bananenpüree unterrühren (das zweite Eigelb wird nicht verwendet).

6 Die 2 Eiweiße mit 35 g Zucker zu nicht zu steifem Schnee schlagen.

7 1/3 des Eischnees in die Ei- und Bananenmischung rühren, den Rest des Eischnees darauf gießen und ganz vorsichtig mit einem Spachtel unterheben, dabei die Schüssel drehen.

8 Die Formen füllen und für 4 Minuten in den warmen Backofen schieben.

Anrichten
Auf dem oberen Teil der Teller einen Halbkreis aus sich überlappenden Bananenscheiben anrichten.
Etwas Zitronensaft darüber träufeln und mit den Pistazien-Stäbchen bestreuen.
Das Soufflé in der Mitte ausformen.
Die Sauce getrennt servieren.

Pochierte Williams-Birne mit Orange, kleinen Pflaumen-Pfannkuchen, Haselnuss-Eiscreme

Für 4 Personen

4 kleine Williams-Birnen
100 g Orangen-Konfitüre
500 g Pflaumen
100 g Orangen-Marmelade
500 g Zucker
1/2 Stange Zimt
5 g Zimtpulver
3 dl geklärte Butter
50 g Haselnüsse
8 Röllchen Haselnuss-Eiscreme*

Beignet(Pfannkuchen)-Teig:

100 g Mehl
1 Prise Salz
1 Ei
2 dl Wasser und 1 dl Milch

* Siehe Kapitel „Kalte Nachspeisen"

Vorbereitung

1 Für den Pfannkuchen-Teig das Eiweiß vom Eigelb trennen. Das Mehl, 1 Prise Salz, das Eigelb, 2 dl Wasser und 1 dl Milch kräftig schlagen und 1 Stunde kühl stellen.

2 Für das Pochieren der Birnen, sie bis auf den Stengel abschälen und mit einem kleinen Teelöffel oder Messer entkernen. Mit 5 dl Wasser, 300 g Zucker, 1/2 Stange Zimt einen Sirup zubereiten und kurz aufkochen lassen.

Die Birnen darin eintauchen, etwa 10 Minuten köcheln lassen, vom Herd nehmen und die Birnen im Sirup abkühlen lassen.

3 Für die Pflaumensauce, 8 große Pflaumen zum Garnieren aufbewahren. Die anderen entkernen und durchschneiden. In einen Topf geben, 100 g Zucker hinzufügen, auf mittlerer Hitze zu einem Kompott einkochen lassen. Mixen und durch ein Sieb streichen, um die Häute zu entfernen. Zur Seite stellen.

4 Die 8 aufbewahrten Pflaumen entkernen und durchschneiden. 8 ganze Hälften für die Beignets aufbewahren, den Rest in 5 mm kleine Würfel schneiden. Sie getrennt fest in Klarsichtfolie eingewickelt kühl stellen.

5 In einem tiefen Teller 5 g Zimtpulver und 50 g Zucker mischen. Zur Seite stellen.

6 Die Haselnüsse ohne Fettzugabe in einer beschichteten Pfanne auf mittlerem Feuer unter Umrühren rösten. Klein hacken.

7 Die Orangen-Marmelade durch ein Sieb streichen und etwas Wasser unterrühren, um ihr die Konsistenz eines Sirups zu verleihen.

Fertigstellung

1 Den Backofen auf 180° (Th. 5) vorheizen.

2 In einer beschichteten Pfanne 5 g Butter erhitzen, die Pflaumenwürfel und 50 g Zucker hineingeben und leicht karamellisieren lassen, dann vom Herd nehmen.

3 Die Birnen abtropfen lassen und mit den kleinen karamellisierten Pflaumenwürfeln füllen.

Sie dann auf ein mit Pergamentpapier bedecktes Backblech legen und für 10 Minuten in den warmen Backofen schieben, sie dabei alle 2 Minuten mit der Orangenmarmelade bestreichen.

4 Das Eiweiß mit einer Prise Salz steif schlagen. Ein Drittel davon unter den Beignet-Teig rühren, den Rest darauf gießen und vorsichtig mit einem Spachtel unter die Masse heben.

5 Die geklärte Butter in einer kleinen beschichteten Pfanne stark erhitzen.

6 Die 8 Pflaumenhälften in den Beignet-Teig tauchen und in der geklärten Butter bräunen. Sofort auf Küchenpapier abtropfen lassen, in der Zucker- und Zimtmischung wenden und warm stellen.

Anrichten
2 Löffel Pflaumensauce in die Teller gießen.
Jeweils 2 Pflaumen-Pfannkuchen darauf setzen.
Die Birne mit auf jeder Seite ein Röllchen Haselnuss-Eis in der Mitte anordnen.
Mit zerkleinerten Haselnüssen bestreuen.

Apfel-Fondant (Zuckermasse) mit Mandeln

Für 4 Personen

3 große Äpfel (Gravenstein, Boskoop oder Kanada Apfel)
10 g Butter (für die Formen)
Für den Sirup:
5 dl Wasser
300 g Zucker
1 Zitronensaft
Für die Füllung:
1 Ei
80 g geraspelte weiße Mandeln
80 g Butter
50 g Zucker
1 TL Rum
Für die Sauce:
4 bis 5 Passionsfrüchte
0,5 dl Wasser
Zucker je nach Geschmack
Für die Dekoration:
4 Prisen gehackte Mandeln
4 Prisen feinen Zucker
1 frische Passionsfrucht

Vorbereitung:

1 Die Zutaten der Füllung gut vermischen.

2 Die Äpfel schälen, durchschneiden, die Gehäuse entfernen. 2 in 3 mm dicke Streifen schneiden. Den Dritten in 5 mm große Würfel schneiden.

3 Die für den Sirup erforderlichen Zutaten in einen Topf geben, aufkochen lassen, dann die Apfelstreifen darin blanchieren bis sie glasieren. Abtropfen lassen.

4 Die Apfelwürfel in gleicher Weise pochieren und sobald sie glasierend sind abtropfen lassen.

5 4 Formen mit einem Durchmesser von 7 cm mit 10 g Butter einstreichen und um den Innenrand herum die Apfelstreifen anordnen, die sich überlappen und über den Rand hängen sollen. Die Höhe der Apfelstücke ausgleichen. Die Apfelwürfel auf dem Boden verteilen, dann die Füllung dazugeben und die Apfelwürfel darüber anordnen.

6 Die Kerne von 2 Passionsfrüchten entfernen, ohne sie zu pressen, da sie für die Dekoration der Teller dienen werden.

7 4 bis 5 Passionsfrüchte durchschneiden und insgesamt 1,5 dl Saft auspressen (wenn Sie keine Passionsfrüchte finden, können Sie eine Sauce mit dem Saft von 2 Orangen und 1 Limone sowie 100 g Zucker zubereiten).

Kochen

1 Den Backofen auf 200° (Th. 6) vorheizen.

2 Die Zutaten der Sauce mit mehr oder weniger Zucker in einem kleinen Topf vermischen und auf kleiner Flamme erwärmen, bis der Zucker schmilzt, jedoch ohne Aufzukochen.

3 Die Zukermasse für 12 Minuten in den Backofen schieben, dann auf die Stellung Grill schalten.

4 Die Zukermasse auf gebuttertem Papier ausbreiten, mit gehackten Mandeln und feinem Zucker bestreuen und einige Sekunden unter den Grill stellen, damit der Zucker karamellisiert.

Anrichten
Etwas Sauce auf die vorgewärmten Teller geben und den Fondant in die Mitte setzen.
Einige Passionsfruchtkerne darüber streuen.

Warme Feigen mit Limonen und Himbeersauce

Für 4 Personen

12 große Feigen
250 g Himbeeren
6 Zitronen
160 g Zucker
20 g Butter

Vorbereitung

1 Die Limonen für die Sauce unter warmem Wasser bürsten und sorgfältig abtrocknen. Die Schale von 4 Zitronen abreiben, die Schale der letzten beiden abschälen.Alle weißen Teile unter den Schalenstreifen sorgfältig entfernen, dann in sehr dünne, 1 mm breite Julienne schneiden. Zur Seite stellen.

2 2 Limonen ganz enthäuten, die Viertel auslösen und zur Seite stellen.

3 Die anderen 4 Limonen auspressen, um 1 dl Saft zu erhalten, durch ein Sieb in einen Topf gießen, 100 g Zucker hinzufügen und unter Abschöpfen aufkochen lassen. Köcheln lassen, bis ein dicker Sirup entsteht. Die abgeriebene Schale hinzugeben und zur Seite stellen.

4 Einige Himbeeren zum Dekorieren der Teller aufbewahren. Die anderen mit 50 g Zucker mixen. Diese Sauce dann durch ein feines Sieb streichen, um die Körner zu entfernen, und kühl stellen.

5 Die harte Spitze der Feigen abschneiden. 4 Feigen kreuzweise auf halber Höhe einritzen. Die anderen durchschneiden. Eine hitzefeste Schüssel großzügig buttern, die Feigen hineingeben und zur Seite stellen.

Fertigstellung

1 Den Backofen auf 200° (Th. 6) vorheizen.

2 Etwas Zucker über die Feigen streuen und die Schüssel für 4 Minuten in den warmen Backofen schieben, aus dem Ofen nehmen und die Feigen wie auf dem Foto dargestellt anrichten.

3 Die Schüssel auf eine große Flamme stellen, mit dem Lemonen-Sirup ablöschen, die Julienne hinzufügen.

Anrichten
Einen großen Löffel Himbeersauce in die Tellermitte gießen. Eine ganze von 4 halben umrandete Feige in die Mitte setzen.
Den Sirup darüber gießen, mit den Limonenvierteln und der Julienne dekorieren.
Mit den zurückbehaltenen Himbeeren garnieren.

Warmes Ananas- und Quitten-Baiser mit gerösteten Mandeln

Für 4 Personen

100 g Butter-Blätterteig*
1 Ananas
5 Quitten
10 Feigen
450 g Zucker
30 g Butter
3 EL Marasquin
50 g Eiweiß
50 g gehackte Mandeln
4 Kugeln Mandelmilch-Eis**

* Siehe Kapitel „Grundrezepte“
** Siehe Kapitel „Kalte Nachspeisen“

Vorbereitung

1 Den Backofen auf 220° (Th. 7) vorheizen.

2 Die Quitten schälen und in regelmäßige 5 mm große Würfel schneiden. Mit 2,5 dl Wasser und 300 g Zucker einen Sirup zubereiten. Die Quitten auf kleinem Feuer in diesem Sirup garen, was sehr schnell geht, deshalb gut aufpassen. Abtropfen lassen.

3 Die Feigen schälen, in 5 mm große Würfel schneiden. Die Ananas schälen, der Höhe nach vierteln, die harten Innenteile entfernen und das Fleisch in 5 mm große Würfel schneiden.

4 In einer beschichteten Pfanne 30 g Butter erhitzen, die Ananaswürfel hineingeben, bis sie ihr Wasser verlieren. Nach Ihrem Geschmack und dem Reifegrad der Ananas zuckern, mit dem Marasquin ablöschen, die Feigen- und Quittenwürfel hinzufügen, vom Herd nehmen und vorsichtig vermischen.

5 Den Blätterteig 2 mm dick ausrollen und 4 ovale Törtchenformen mit einem Durchmesser von 7 cm auslegen. Für eine Viertelstunde in den Kühlschrank stellen, sie dann 10 Minuten im warmem Backofen backen. Zur Seite stellen.

Fertigstellung

1 Den Backofen auf 200° (Th. 6) vorheizen.

2 Das Baiser zubereiten. Dazu 50 g Eiweiß mit 50 g nach und nach hinzugegebenem Zucker steif schlagen. Wenn sich das Volumen verdoppelt hat, den Rest des Zuckers hinzufügen und so lange schlagen, bis das Baiser schön fest und glatt ist.

3 Die Törtchenböden mit der Obstmischung füllen.

Die ganze Oberfläche des Obstes mit einer Spachtel mit dem Baiser bestreichen, dann mit einem Spritzbeutel Tüpfelchen darauf setzen.

4 Die gehackten Mandeln über die ganze Oberfläche einstecken (siehe Foto), mit feinem Zucker bestreuen, auf ein mit Pergamentpapier bedecktes Backblech setzen.

5 Für 8 bis 10 Minuten in den warmen Backofen schieben.

Anrichten
Das Törtchen links oben auf den Teller setzen, ein großes Röllchen Mandelmilch-Eis in die Mitte geben und rechts oben mit einigen dünnen Feigenstreifen, Pistazien und einigen Zuckersiruptüpfeln dekorieren.

Pistazien-Soufflé

*Für 2 Personen**

70 g Zucker
35 g geschälte Pistazien
1 Eigelb
2 Eiweiß
5 geschälte Pistazien
20 g Butter für die Form
Und für die Sauce:
1 dl englische Creme*
10 g geschälte Pistazien
1 Tropfen bittere Mandelessenz
5 Tropfen Kirschwasser

* Siehe Kapitel „Grundrezepte"

Vorbereitung

1 Für die Sauce eine englische Creme zubereiten, 1 dl abmessen, 10 g Pistazien, 1 Tropfen bittere Mandelessenz und 5 Tropfen Kirschwasser hinzufügen und mixen. Zur Seite stellen.

2 35 g geschälte Pistazien und 35 g Zucker mixen. Zur Seite stellen.

3 Für die Dekoration, 5 Pistazien zerkleinern und zur Seite stellen.

4 Eine Soufflé-Form (mit senkrechtem Rand) buttern und kühl stellen.

Kochen

1 Den Backofen auf 220° (Th. 7) vorheizen.

2 Auf kleinem Feuer einen Bräter mit 3 bis 4 cm Wasser bis kurz vor dem Aufkochen erwärmen.

3 Die gemixte Pistazien- und Zuckermischung mit dem Eigelb schlagen, bis sie schön schaumig wird.

4 2 Eiweiß mit 35 g Zucker ganz langsam und luftig aufschlagen, sie dürfen nicht zu hart werden.

5 Ein Drittel des Eiweisses in die Eigelbmischung einrühren. Dann den Rest des Eiweißes darauf gießen und vorsichtig mit der Spachtel unterheben, dabei die Schüssel drehen.

6 In die mit Butter eingeriebene Form geben, die nicht bis oben gefüllt sein darf.

7 Für 6 bis 7 Minuten in das Wasserbad stellen, das nicht kochen darf, dann für etwa 12 Minuten in den Backofen schieben. Nach der halben Garzeit die gehackten Pistazien über die Oberfläche des Soufflés streuen.

Anrichten
Das Soufflé in seiner Form und die Sauce in der Saucenschüssel servieren.
Das Soufflé dann auf 2 Teller verteilen und jeweils auf jeder Seite mit etwas Sauce umranden.

** Dieses Soufflé gelingt schlecht, wenn er in einer größeren Menge zubereitet wird; für 4 Personen sollte man lieber 2 machen.*

Limonen-Soufflé

*Für 2 Personen**

1 Limone
1 Zitrone
70 g + 100 g Zucker
1 Eigelb
2 Eiweiß
20 g Butter für die Form

Vorbereitung

1 Die Zitronen unter warmem Wasser bürsten und sorgfältig abtrocknen.

2 Eine Soufflé-Form (mit vertikalem Rand) mit Butter einreiben und kühl stellen.

3 Für die Sauce, den Saft der 2 Zitronen auspressen, 1 EL zurückbehalten, der dem Eigelb hinzugefügt wird, den Rest durch ein Sieb in einen Topf gießen, 100 g Zucker hinzufügen und zu Sirup einkochen lassen. Zur Seite stellen.

Kochen

1 Den Backofen auf 250° (Th. 8-9) vorheizen.

2 In einem Bräter 3 bis 3 cm Wasser köcheln lassen.

3 Mit dem Schneebesen 1 Eigelb, 35 g Zucker, 1 kleine Prise Zitronenschale und 1 kleine Prise Limonenschale verrühren, bis die Mischung schön schaumig ist. 1 EL Zitronensaft hinzugeben.

4 2 Eiweiß mit 35 g Zucker zu einem nicht zu steifen Schnee schlagen.

5 Ein Drittel des Eiweißes mit dem Schneebesen der Eigelbmischung unterrühren.

6 Den Rest des Eiweißes darauf gießen und vorsichtig mit dem Spachtel unterheben.

7 In die gebutterte Form gießen, die nicht voll sein darf.

8 Für 6 bis 7 Minuten in ein Wasserbad stellen.

9 Die Form dann für höchstens 7 Minuten in den Backofen schieben.

Anrichten
Das Soufflé in seiner Form und die Sauce getrennt servieren.
Das Soufflé auf 2 Teller verteilen und jeweils mit etwas Sauce umgeben.

**Für 4 Personen, 2 Soufflés zubereiten, nicht versuchen, ein größeres Soufflé zu machen.*

Orangentörtchen mit Schokolade

Für 4 Personen

Füllung:
8 Orangen, 100 g + 100 g + 40 g Zucker, 200 g + 200 g Orangensaft
2 EL Granatapfelsirup
5 EL Grand-Marnier
100 g Kumquats
100 g Ananas
Mürbeteig:
100 g Mehl
60 g Butter
30 g feiner Zucker
1 ganzes Ei + 1 Eigelb
1 Prise Salz
Ganache:
100 g Schokolade mit 70 % Kakaoanteil
1 dl Creme zu 35 %
Baiser:
80 g Eiweiß
160 g Zucker

Vorbereitung

1 Den Backofen auf 200° (Th. 6) vorheizen.

2 Die Butter für den Mürbeteig in kleine Stücke schneiden, in eine Schüssel geben und mit einem Holzlöffel weich rühren. Dann nacheinander den feinen Zucker, das Salz, das ganze Ei, das Eigelb und das Mehl hinzugeben, jedes Mal solange rühren, bis die neue Zutat komplett untergemischt ist.

3 Den Teig 3 oder 4 mm dick ausrollen. Mit einer Ausstechform mit einem Durchmesser von 4 cm 4 Scheiben ausstechen, auf ein mit Pergamentpapier bedecktes Backblech legen und für etwa 10 Minuten in den warmen Backofen schieben, bis sie schön goldgelb sind. Auf einem Rost abkühlen lassen.

4 Für die Füllung, die Orangen abschälen, die Viertel über einer Schüssel in ein Sieb auslösen. Diese Viertel in einer kleinen Schale aufbewahren. Die Saftmenge durch Auspressen von 1 oder 2 zusätzlichen Orangen auf 2 dl ergänzen.
100 g Zucker in einen Topf geben, auf mittlerer Flamme leicht karamellisieren lassen, dann mit 2 dl Orangensaft, dem Grand-Marnier und dem Granatapfelsirup ablöschen. Bei kleinem Feuer um ein Drittel einkochen lassen, über die Orangenviertel gießen und 4 bis 5 Stunden ziehen lassen. Die Orangenviertel dann dritteln.

5 Den Koch-Orangensaft in einen kleinen Topf gießen und zu Sirup eindicken lassen. Diese Orangensauce wird dann für die Dekoration der Teller dienen.

6 Die Kumquats vierteln und entkernen. 2 dl Orangensaft und 100 g Zucker in einen kleinen Topf gießen und kurz aufkochen lassen. Die Kumquats hinzufügen, mischen und 6 Minuten auf kleiner Flamme kochen lassen. Die Kumquats müssen bissig bleiben. In einem Sieb abtropfen und komplett abkühlen lassen, dann in 5 mm große Stücke schneiden.

7 100 g Ananasfleisch in 3 mm große Würfel schneiden. In einer beschichteten Pfanne 20 g Butter erhitzen, 40 g Zucker und die Ananaswürfel hinzugeben und ständig umrühren, damit sie regelmäßig bräunen. Dann die Kumquats und die gedrittelten Orangenviertel in die Pfanne geben. Alles 1 bis 2 Minuten garen lassen, dann in ein Sieb gießen, um den Saft abzutropfen.

8 Für die Ganache die Schokolade in Stücke brechen, im Wasserbad aufschmelzen und die Creme hinzufügen.

Fertigstellung

1 Jedes Törtchen mit 1 EL Obstmischung, dann 1 TL Ganache, dann wieder mit 1 EL Obst und 1 TL Ganache garnieren, so dass sie eine Kuppel bilden.
20 Minuten in den Kühlschrank stellen.

2 Den Backofen auf 240° (Th. 8) vorheizen.

3 Für das Baiser die Eiweiße und die Hälfte des Zuckers in eine Schüssel geben und solange schlagen, bis das Eiweiss sein Volumen verdoppelt hat. Dann den Rest des Zuckers hinzufügen und weiter schlagen, bis die Masse steif und ganz glatt ist. In einen Spritzbeutel (Spitzen Nr. 4) füllen und die ganze Obstkuppel mit Baiser-Tüpfelchen versehen, dabei von unten anfangen. Auf ein mit Pergamentpapier belegtes Backblech setzen.

4 Etwas Kakaopulver überstreuen.

5 Für 5 Minuten in den warmen Backofen schieben.

Anrichten
Das Törtchen in die Tellermitte setzen und nach Belieben mit der Orangensauce und dem Rest der Ganache dekorieren.

Warme Erdbeer-Soufflé-Suppe

Für 4 Personen

600 g Erdbeeren
1 Limone
170 g Zucker
3 Eier
15 g Holundersirup
Feiner Zucker

Fertigstellung

1 Den Backofen auf 200° (Th. 6) vorheizen.
2 Die Limonenschale herausnehmen und die Erdbeeren mit den von ihnen abgegebenem Saft in 4 kleine tiefe Teller verteilen.
3 Das Eigelb von den Eiweißen trennen.
4 Das Eigelb mit 90 g Zucker so lange verrühren, bis die Mischung schön weiß und sehr schaumig wird. Den Holundersirup hinzufügen und aufschlagen.
5 Die 3 Eiweiß mit 30 g Zucker in einer anderen Schüssel steif schlagen.
6 Das Eiweiß über das Eigelb gießen und vorsichtig mit dem Spachtel unterheben, die Schüssel dabei drehen.
7 Die vorherige Mischung in einen Wegwerf-Spritzbeutel aus Papier füllen, das Ende schräg abschneiden und auf jeden Teller große und breite Baiser-Kommas spritzen, dabei am Rand beginnen und zur Mitte hin verdünnen.
8 Feinen Zucker darüber streuen und im Backofen unter Aufsicht bräunen lassen.

Vorbereitung

1 Die Zitronen unter warmem Wasser bürsten und sorgfältig abtrocknen, die Schale in Streifen abschälen.
2 Die Erdbeeren waschen und reinigen, abtropfen lassen. 4 für die Dekoration aufbewahren. Sie vertikal in 6 Teile schneiden und in eine Schüssel geben, 50 g Zucker und die Limonenschale hinzufügen. 1 Stunde ziehen lassen.

Anrichten
Die tiefen Teller auf kalte flache Teller stellen.
Die Mitte der Soufflés mit einigen Erdbeerlamellen dekorieren.

Grundrezepte

Kräuterbutter

Für 100 g :
75 g aufgeweichte Butter
50 g Schnittlauch
25 g abgezupfte Petersilie
Cayenne, Salz und Pfeffer

Zubereitung

1 Petersilie und Schnittlauch klein hacken.

2 Die Kräuter und die Butter in die Mixerschale geben und zu einer gleichmäßigen Creme pürieren.

3 Würzen und nochmals kurz mixen.

4 Durch ein feines Sieb streichen und diese Butter im Kühlschrank oder im Gefrierschrank aufbewahren.

Gemüsebrühe

Für etwa 1 Liter:
1 Liter Wasser, 1 Liter Weißwein,
2 ganze Tomaten, 1 Porree,
1 große Karotte, 1/2 Sellerieknolle,
1 große Zwiebel, 1 Gewürznelke,
2 Schalotten, 6 Knoblauchzehen,
1 Bund Suppenkraut (Thymian, Petersilie, Lorbeer),
Meersalz, zerkleinerter Pfeffer (Mignonnette)

Vorbereitung und Kochen

1 Porree, Karotte, Sellerie, Zwiebel und Schalotten schälen und in Stücke schneiden. Die Knoblauchzehen durchschneiden. Die Gewürznelke in ein Zwiebelstück picken.

2 Alle o. g. Zutaten in einen großen Topf geben, das Suppenkraut hinzufügen und 1 Stunde langsam kochen lassen, von Zeit zu Zeit umrühren.

3 Diese Brühe durch ein Seihtuch oder ein mit einer feuchten Gaze ausgelegtes Sieb gießen.

4 In kleinen Portionen im Gefrierschrank aufbewahren.

Geflügelbrühe (oder Fond)

Für 2,5 Liter:
1 Suppenhuhn
Etwas Hühnerklein
1 mit einer Gewürznelke gespickte Zwiebel
1 Porree, 1 Stange Sellerie,
1 zerdrückte Knoblauchzehe
1 Bund Suppenkraut (Thymian, Petersilie, Lorbeer)
4 Liter Wasser, Salz

Vorbereitung und Kochen

1 Das Gemüse waschen, gegebenenfalls schälen und in grobe Stücke schneiden. Das Suppenkraut vorbereiten.

2 Das Suppenhuhn und das Hühnerklein in einen großen Topf geben, 4 Liter kaltes Wasser eingießen, aufkochen lassen und abschöpfen.

3 Das Gemüse und das Suppenkraut hinzufügen, auf sehr kleinem Feuer 2 Stunden weiterkochen lassen, häufig abschöpfen.

4 Das Hühnerklein und das Suppenhuhn vorsichtig aus dem Topf nehmen (ihr Fleisch können Sie beispielsweise für eine Gemüse-Füllung oder für Kroketten benutzen).

5 Die Brühe durch ein Seihtuch oder ein mit einer feuchten Gaze ausgelegtes Sieb filtern.

6 Abkühlen lassen und etwas salzen.

7 In kleinen Portionen im Gefrierschrank aufbewahren.

Geflügel-Consommé

Zunächst 2,5 Liter Geflügelbrühe nach dem Rezept auf der vorherigen Seite zubereiten.

Vorbereitung und Kochen

1 Das Gemüse gegebenenfalls schälen und grob hacken.

2 Das Eiweiss kurz mit dem Schneebesen aufschlagen. Gemüse, Thymian, Pfeffer und die Eiswürfel hinzufügen.

3 Die Brühe aufkochen, die o.g. Mischung langsam mit einer Schaumkelle bis zum Boden des Topfs unterrühren.

4 Bis zum Aufkochen weiterrühren, dann 30 Minuten köcheln lassen. Dort, wo die Flüssigkeit an der Oberfläche am stärksten kocht, mit einem Schöpflöffel ein Loch machen und von Zeit zu Zeit Brühe entnehmen, die Sie über das Gemüse gießen.

5 Den Topf nach einer halben Stunde vom Herd nehmen und 15 Minuten ruhen lassen.

6 Ein Sieb mit einem feuchten Tuch auslegen und die Consommé filtern.

7 In kleinen Portionen im Gefrierschrank aufbewahren.

Zum Klären:
10 Eiweiß (nicht zu frisch),
1 Porree (grüner und weißer Teil),
1 Karotte,
1 Tomate, 1 Stange Sellerie,
2 Stengel Petersilie, 1 Prise Thymian,
1 Prise Mignonnette-Pfeffer.
8 Eiswürfel

Englische Creme

Zubereitung

1 Die ganzen Eier, das Eigelb und den Zucker solange schlagen, bis die Mischung weiß wird.

2 Die Milch mit der Vanille aufkochen und kochend unter die Eiermischung schlagen.

3 Wieder alles in en Topf gießen und bei ganz kleiner Flamme und vor allem ohne Aufkochen eindicken lassen, bis die Creme an der Spachtel haftet.

4 In eine Schüssel gießen und abkühlen lassen, dabei von Zeit zu Zeit umrühren, um die Hautbildung zu vermeiden.

Für etwa 6 dl:
5 dl Milch, 2 ganze Eier,
3 Eigelbe, 100 g Zucker,
1/2 Stange Vanille

Lammfond

Siehe Rezept „Kalbsfond“. Die Kalbsknochen und abgeschnittenen Teile durch diejenigen vom Lamm ersetzen.

Hummerfond

Für etwa 4 dl:
4 Hummerpanzer, 2 Schalotten,
3 Knoblauchzehen, 6 Stengel Petersilie,
1 Zweig Thymian, 1 Lorbeerblatt,
200 g Tomaten,
1 Stück Orangenschale (6 x 3 cm),
50 g aufgeweichte Butter, 2 EL natives Olivenöl, 1/2 dl Cognac,
1 dl Weißwein, 3 dl Fischfond*,
Cayenne und Pfeffer aus der Mühle.

* Siehe weiter unten im gleichen Kapitel.

Zubereitung

1 Das kleine, oben in den Panzern befindliche Beutelchen entfernen, das schlechten Geschmack verleiht. Die Panzer dann erst mit dem Messer und dann im Elektro-Hacker zerkleinern.
2 Die aufgeweichte Butter in die drehende Hackerschale geben.
3 Knoblauch und Schalotte schälen und hacken.
4 Olivenöl in einem Topf erhitzen, die zerkleinerten Panzer und die Butter mit der Spachtel unterrühren, bräunen lassen.
5 Knoblauch und Schalotten, das Schalenstück und die Petersilie hinzufügen und 2 Minuten schwitzen lassen.
6 Die geviertelten Tomaten hinzugeben und etwas braun werden lassen.
7 Mit Cognac ablöschen und den Weißwein sowie den Fischfond eingießen.
8 Aufkochen lassen, abschöpfen und 20 Minuten ganz leicht köcheln lassen.
9 Durch die Gemüsemühle drehen und abkühlen lassen.
10 In kleinen Portionen im Gefrierschrank aufbewahren.

Wildfond

Für etwa 1/2 Liter:
500 g Rehfleisch,
1 Kalbsfuß in Scheiben,
1 Bund Suppenkraut (Thymian, Petersilie, Lorbeer, Karotte, Porree),
1 Liter Wasser
2 bis 3 EL Erdnussöl,
Salz und Pfeffer aus der Mühle.

Zubereitung

1 Das Fleisch in kleine Stücke schneiden.
2 In einem großen Topf 2 EL Erdnussöl erhitzen und das Rehfleisch sowie die Kalbsfußscheiben kurz darin anbraten, ohne dass sie auf dem Boden haften bleiben.
3 Wenn die Knochen schön braun sind, das Suppenkraut hinzufügen, das Gemüse bei Umrühren farbig werden lassen, dann alles in einem Sieb abtropfen lassen, um das Fett zu entfernen.
4 Wieder alles mit 1 Liter Wasser in den Topf geben. Aufkochen lassen, abschöpfen, dann 1 Stunde auf ganz kleiner Flamme köcheln lassen.
5 Etwas Wasser nachgießen und noch 1 Stunde kochen lassen.
6 Durch ein feines Sieb in einen anderen Topf filtern und auf großer Flamme auf 5 dl einkochen lassen.
7 Würzen, abkühlen lassen und kühl stellen oder in kleinen Portionen einfrieren.

Langustinenfond

Für etwa 3 dl:
500 g Langustinenköpfe*,
100 g weiße Mirepoix (Sellerie, Zwiebel, weißer Porreeteil in 5 mm großen Würfeln),
0,5 dl Weißwein,
2 dl Fischfond*, 3 dl Wasser.

* Zuvor eine ausreichende Menge davon einfrieren.
** Siehe weiter unten im gleichen Kapitel.

Zubereitung

1 Die Langustinenköpfe reinigen und mit dem Messer zerkleinern.
2 Alle o.g. Zutaten in einen Topf geben, aufkochen lassen, abschöpfen und auf ganz kleiner Flamme 20 Minuten kochen lassen.
3 Durch ein Seihtuch oder ein mit feuchter Gaze ausgelegtes Sieb filtern.
4 Abkühlen lassen.
5 In kleinen Portionen im Gefrierschrank aufbewahren.

Jakobsmuschelfond

Zubereitung

1 Die Jakobsmuschelbärte sorgfältig unter laufendem Wasser reinigen.

2 Schalotte und Knoblauch klein hacken. Mit der Butter in einen Topf geben und die Schalotten auf mittlerem Feuer glasig werden lassen. Die Jakobsmuschelbärte hinzufügen, umrühren.

3 Mit der Gemüsebrühe und dem Weißwein ablöschen, Lorbeerblatt, Petersilie und Pfefferkörner hinzufügen, aufkochen lassen, abschöpfen und langsam 20 Minuten kochen lassen.

4 Durch ein Seihtuch oder ein mit feuchter Gaze ausgelegtes Sieb filtern.

5 Abkühlen lassen.

6 In kleinen Portionen im Gefrierschrank aufbewahren.

Für etwa 2,5 dl:
Die Bärte von 12 Jakobsmuscheln,
2 mittlere Schalotten, 1 Knoblauchzehe,
5 Stengel Petersilie, 1 Lorbeerblatt,
3 dl Gemüsebrühe*,
0,5 dl Weißwein, 20 g Butter,
5 Pfefferkörner, Salz.

* Siehe im gleichen Kapitel.

Brauner Kalbsfond

Vorbereitung und Kochen

1 Das Suppenkraut vorbereiten, die Knoblauchzehen schälen aber ganz lassen. Die Karotte, die Schalotte und die Zwiebel schälen und in Würfel schneiden.

2 Das Öl in einer großen Pfanne stark erhitzen, Knochen und Fleisch hinzugeben und kräftig unter ständigem Umrühren anbraten, aber nicht anbrennen lassen.

3 Wenn die Knochen schön braun sind, Gemüse und Suppenkraut hinzufügen und einige Minuten anbraten, stets umrühren, dann alles in einem Sieb abtropfen lassen, um das Fett zu entfernen.

4 Alles in einen großen Topf geben, kaltes Wasser eingießen (ca. 2,5 Liter), salzen, Tomatenmark hinzugeben, aufkochen und abschöpfen.

5 3 Stunden köcheln lassen, bei Bedarf Wasser nachgießen, so dass die Knochen stets bedeckt bleiben.

6 Durch ein feines Sieb in einen anderen Topf gießen und auf einen Liter Fond einkochen lassen.

7 Abkühlen lassen.

8 In kleinen Portionen im Gefrierschrank aufbewahren.

Für 1 Liter:
1,5 kg zerkleinerte Kalbsknochen,
500 g nicht zu fettes Kalbsfleisch
(in kleinen Stücken),
1 große Karotte, 1 große Zwiebel,
1 Schalotte, 2 Knoblauchzehen,
1 großes Bund Suppenkraut (Thymian, Petersilie,
Lorbeer und Porree),
1 gehäufter EL Tomatenmark,
0,5 dl Öl, 1 gestrichener TL Salzkörner.

Geflügelfond

Siehe Einzelheiten unter „Geflügelbrühe“, es ist das gleiche.

Brauner Geflügelfond

Für etwa 1/2 Liter:
800 g Knochen und Mägen,
200 g Mirepoix (Karotte, Zwiebel und Sellerie in 0,5 cm großen Würfeln),
60 g Tomatenmark
1 Bund Suppenkraut (Thymian, Petersilie,
Lorbeer, Porree),
2 EL Öl, 1 Liter Wasser.

Zubereitung

1 Die Knochen zerkleinern und unter Umrühren in heißem Öl kräftig anbraten, aber nicht anbrennen lassen.

2 Die Mirepoix und das Suppenkraut hinzufügen, während des Anbratens umrühren, dann alles in einem Sieb abtropfen lassen, um das Fett zu beseitigen.

3 Den Topf mit etwa 1 Liter Wasser wieder auf das Feuer stellen (Knochen und Gemüse müssen gut bedeckt sein).

4 Aufkochen lassen, abschäumen und 2 Stunden köcheln lassen, bei Bedarf Wasser nachgießen, damit die Knochen stets bedeckt bleiben.

5 Durch ein feines Sieb in einen anderen Topf filtern und auf 1/2 einkochen lassen. Beliebig würzen.

6 Abkühlen lassen.

7 In kleinen Portionen im Gefrierschrank aufbewahren.

Fischfonds

Für 1/2 Liter:
1 kg Seezungen- und Steinbuttgräten
0,5 dl Weißwein, 0,5 dl Wasser,
1 mit einer Gewürznelke gespickte Zwiebel,
1 Lorbeerblatt,
1 Bund Suppenkraut
(Porree, Karotte, Sellerie, Petersilie)

1 Die Gräten gut unter laufendem kaltem Wasser abspülen und in Stücke brechen.

2 Mit dem Wein und kaltem Wasser in einen Topf geben, auf kleiner Flamme aufkochen und häufig abschöpfen.

3 Suppenkraut, Lorbeerblatt und die gespickte Zwiebel hinzufügen und 20 Minuten köcheln lassen.

4 Durch ein Seihtuch oder ein mit einer feuchten Gaze ausgelegtes Sieb filtern.

5 Abkühlen lassen.

6 In kleinen Portionen im Gefrierschrank aufbewahren.

Klares Gelee

Für etwa 1 Liter:
1 Kalbsfuß in Scheiben
3 Liter Wasser
1 Bund Suppenkraut (Thymian, Petersilie, Lorbeer,
1 Karotte, 1 weißes Porreestück)
Für den Sud:
200 g grob zerhacktes Kalbshaxenfleisch
1 Karotte, 1 mittlere Zwiebel und 1/2 weißes Porreestück, alle drei zerhackt,
1 Eiweiß,
Salz und weißer Pfeffer aus der Mühle

Vorbereitung und Kochen

1 Die Kalbsfußscheiben in einen Topf geben, reichlich kaltes Wasser einfüllen, langsam aufkochen lassen, abtropfen lassen. Die Scheiben in Eiswasser erfrischen.

2 Die Kalbsfußscheiben in einen hohen Topf geben, 2 Liter kaltes Wasser einfüllen, langsam aufkochen lassen, abschäumen. Dann das Suppenkraut hinzufügen und 3 Stunden köcheln lassen, von Zeit zu Zeit Wasser nachfüllen.

3 Diese Brühe durch ein feines Sieb in einen anderen Topf filtern und abkühlen lassen.

4 Den Sud zubereiten. Dazu das gehackte Fleisch und Gemüse vermischen, das Eiweiß und eventuell etwas Wasser hinzufügen, um eine kompakte aber etwas weiche Masse zu erhalten. In den kalten Brühetopf geben, auf großer Flamme unter Umrühren aufkochen lassen. Dann die Flamme ganz klein stellen und eine halbe Stunde köcheln lassen, abschöpfen.

5 Durch ein Seihtuch oder ein mit einer feuchten Gaze ausgelegtes Sieb filtern.

6 Abkühlen lassen, das an der Oberfläche schwimmende Fett entfernen.

7 In kleinen Portionen im Gefrierschrank aufbewahren.

8 Vor Gebrauch würzen und mit dem gewählten Wein abschmecken.

Fisch-Gelee

Für etwa 5 dl:
5 dl klares Gelee*
5 dl Fischfond*
Für den Sud:
1 EL gehackter Sellerie,
1 EL gehackter Porree,
1 EL gehackte Karotte,
1 Zweig Livèche,
2 gehackte Krabben,
100 g gehacktes Fischfleisch,
1 dl Wasser, 1 Eiweiß.

* Siehe im gleichen Kapitel.

Zubereitung

1 Das klare Gelee und den Fischfonds in einen Topf geben und auf großer Flamme zur Hälfte einkochen lassen.

2 Das Eiweiß in eine Schale geben und alle Zutaten des Suds sowie eine Suppenkelle der kochenden o.g. Flüssigkeit hinzugeben. Etwas schlagen und diese Mischung in die kochende Flüssigkeit geben.

3 Etwa 8 Minuten auf kleiner Flamme kochen lassen. Sich vergewissern, dass das Gelee klar ist, indem sie ein Loch in der Mitte des Gemüses machen.

4 Wenn das Gelee schön klar ist, es sehr vorsichtig durch ein mit einem feuchten Seihtuch (oder einer Gaze) ausgelegtes Sieb gießen.

Rotwein-Gelee

1 Kalbshaxe in Scheiben
2 Kalbsfüße in Scheiben
1 Bund Suppenkraut (Thymian, Petersilie, Lorbeer,
1 kleine Karotte, 1 weißes Porreestück),
2 Liter kräftiger Rotwein.
Für den Sud:
200 g grob gehacktes Kalbshaxenfleisch,
1 Karotte, 1 mittlere Zwiebel und 1/2 weißes Porreestück (alle 3 gehackt),
1 Eiweiß, Öl,
Salz und Pfeffer aus der Mühle.

Vorbereitung und Kochen

1 In einem großen Topf die Kalbshaxen- und Kalbsfußscheiben etwas anbraten. Das Suppenkraut hinzufügen, 2 Liter Rotwein einfüllen und 3 Stunden köcheln lassen, von Zeit zu Zeit Wasser nachgießen.

2 Diese Brühe durch ein feines Sieb gießen, abkühlen lassen und wieder in den Topf geben.

3 Für den Sud, das gehackte Fleisch und Gemüse sowie das Eiweiß und, wenn nötig, etwas Wasser vermischen, um eine kompakte aber etwas weiche Masse zu erhalten.

4 Diese Masse in die gefilterte und kalte Brühe geben, auf kleiner Flamme kurz aufkochen lassen, dabei ständig umrühren, damit das Eiweiß nicht ansetzt, dann die Hitze auf die kleinste Stufe stellen und 20 Minuten köcheln lassen.

5 Durch ein feines Sieb oder ein Seihtuch filtern.

6 Komplett abkühlen lassen, das an der Oberfläche schwimmende Fett entfernen.

7 In kleinen Portionen im Gefrierschrank aufbewahren.

Curry-Öl

Für etwa 4 dl:
5 dl Erdnussöl,
150 g Mirepoix (Karotte, Zwiebel, Porree in 0,5 cm großen Würfeln)
50 g starker Madras-Curry,
1 Gewürznelke, 1 Lorbeerblatt,
1/2 Orangenschale.

1 Die Mirepoix zubereiten. Die Hälfte der Orangenschale in kleine Vierecke schneiden und mit dem Gemüse vermischen.

2 1/2 dl Öl in einem Topf erhitzen und die Mirepoix darin schwenken. Curry darüber streuen, kräftig umrühren, dann etwas anbrennen lassen, 2 dl Öl hinzufügen und 15 Minuten auf ganz kleinem Feuer kochen lassen.

3 Durch ein feines Sieb filtern, abkühlen lassen und 2 dl frisches Öl hinzufügen.

4 In eine Flasche abfüllen und vor Luft geschützt kühl stellen.

Piment-Öl

Für 3 dl:
50 g roter Piment
1 großer Porree
3 dl natives Olivenöl
Salz und Pfeffer aus der Mühle

Zubereitung

1 Die Pimentschoten reinigen, öffnen, sorgfältig alle Körner entfernen und mit etwas Öl sehr klein hacken.

2 Den Porree parieren, die beiden äußeren Blätter entfernen und den grünen Teil auf die Hälfte verkürzen. Waschen und abtropfen lassen. Der Länge nach durchschneiden, die Blätter auf einem Brett flach schlagen und in eine sehr dünne Julienne und dann in 2 mm große Brunoise schneiden.

3 Porree-Brunoise, gehackten Piment und Olivenöl mischen, salzen und pfeffern.

4 Vor Luft geschützt kühl stellen.

Gewürzter Saft

Für 1,5 dl:
2 Seezungengräten,
100 g Mirepoix (Karotte, Sellerie und Porree in kleinen Würfeln),
1 Bund Suppenkraut (Thymian, Petersilie, Lorbeer), 1 Tomate,
1 EL Tomatenmark,
1 gestrichener TL ras-el-hanout (nordafrikanische Gewürzmischung)
2 dl kräftiger Rotwein
0,5 dl Soja-Sauce,
2 Fischfond*
1 EL Öl, Cayenne,
Salz und Pfeffer aus der Mühle.

* Siehe im gleichen Kapitel.

Zubereitung

1 Die Gräten unter fließendem Wasser waschen und in kleine Stücke schneiden. Die Tomate würfeln.

2 Die Mirepoix mit dem Öl in einem Topf schwitzen lassen, die Gräten hinzufügen, unter Umrühren etwas bräunen lassen. Mit ras-el-haout bestreuen, Tomate und Tomatenmark hinzugeben, umrühren und etwas anbrennen lassen, dann mit Wein und Fischfond ablöschen. Wasser hinzufügen, so dass alles mit Flüssigkeit bedeckt ist. Aufkochen lassen, abschöpfen, das Suppenkraut hinzufügen und eine halbe Stunde ohne Deckel köcheln lassen.

3 Durch ein feines Sieb in einen anderen Topf gießen, die Soja-Sauce hinzufügen, auf 1,5 dl einkochen lassen.

4 Kühl stellen.

Gewürzmischung

Für 120 g:
20 g Wacholderbeeren, 40 g Koriander-
Körner, 40 g gefriergetrocknete Rosa Beeren, 20 g schwarze Pfefferkörner

Zubereitung

1 Alles in einem Mörser zerkleinern.

2 Dann im Mixer zu nicht zu feinem Pulver verarbeiten.

3 Trocken in einem luftdichten Behälter aufbewahren.

Italienisches Baiser

Für 450 g – sofort zu verwenden:
60 g Eiweiß,
10 g feiner Zucker,
75 g Zucker

Zubereitung

1 Den Zucker aufkochen lassen (115°).

2 Die Eiweiße mit dem feinen Zucker zu sehr steifem Schnee schlagen.

3 Den gekochten Zucker nach und nach über den Eierschnee gießen und bis zum kompletten Abkühlen weiter schlagen.

Blätterteig

Zubereitung

1 Für den Teig: Das Mehl in eine Schüssel geben, das in Wasser aufgelöste Salz, dann 50 g aufgeweichte Butter hinzufügen und 3 Minuten leicht durchkneten. Eine Kugel formen, zwischen Ihren Händen abflachen, in ein feuchtes Tuch wickeln und 2 Stunden im Kühlschrank ruhen lassen.

2 Wenn der Teig 2 Stunden geruht hat, zu einem etwa 20 cm langem Rechteck ausrollen.

3 Die Butter in 3 mm dicke Streifen schneiden und über das Teigrechteck verteilen, dabei um den Rand herum 1 cm freilassen. Über die Butter klappen. Etwa Mehl darüber streuen.

4 Die Ihnen gegenüber liegende Langseite des Rechtecks im Kopf durch drei teilen. Das linke Drittel zur Mitte hin einklappen.

5 Dann das rechte Drittel einklappen. So erhalten Sie ein Rechteck mit Ihnen gegenüberliegender Schmalseite.

6 Den Teigklumpen um 45 ° nach rechts drehen, mit etwas Mehl bestreuen und zu einem 3 Mal längeren Rechteck ausrollen, aber ab jetzt muss das Rechteck 4 Mal gefaltet werden (wenn Sie im Kopf die 4 Teile 1, 2, 3, 4 nummerieren, 1 auf 2 und 4 auf 3 klappen, dann wie ein Buch schließen), wodurch eine „doppelte Drehung" entsteht. Das Mehl abbürsten und 20 Minuten in den Kühlschrank stellen.

7 Wieder bei Punkt 6 beginnen, wodurch eine zweite doppelte Drehung entsteht. Nicht vergessen, den Teigklumpen stets um 45° nach rechts zu drehen, bevor Sie die nächste doppelte Drehung vornehmen.

8 Der Blätterteig ist dann nach 1 einfachen Drehung und 4 doppelten Drehungen gebrauchsfertig, ohne zu vergessen, den Teigklumpen nach jeder doppelten Drehung abzubürsten und 20 Minuten in den Kühlschrank zu stellen.

9 Den Blätterteig je nach Ihrem Bedarf teilen, die Teigklumpen in Klarsichtfolie einwickeln und im Kühlschrank oder Gefrierschrank aufbewahren.

N.B.: Das Gelingen des Blätterteigs in kleinen Mengen verlangt viel Gewohnheit, einen kühlen Arbeitsraum und ein gutes Handgeschick. Deshalb ist es häufig besser, den Butter-Blätterteig bei einem guten Konditor zu bestellen.

Für etwa 600 g:
250 g Mehl,
50 g aufgeweichte Butter,
250 g kalte Butter,
50 g Salz, 0,9 dl Wasser,
Mehl zum bearbeiten.

Zuckerteig

Zubereitung

1 Die gewürfelte Butter, das Mehl, den Zucker und das Salz in die Knetschüssel geben und die Knethaken so lange drehen lassen, bis die Mischung eine Konsistenz von grobem Gries aufweist.

2 Das ganze Ei und das Eigelb hinzufügen und nicht länger drehen lassen als bis der Teig gut vermischt ist. Es ist ein Teig, der nicht bearbeitet werden darf !

3 Eine Kugel formen, in Klarsichtfolie einwickeln und vor Gebrauch einige Stunden in den Kühlschrank stellen.

N.B.: Der Zuckerteig kann gut in Klarsichtfolie eingepackt einige Tage im Kühlschrank aufbewahrt werden.

Für 1 kg:
500 g Mehl,
300 g kalte Butter,
150 g Zucker,
1 ganzes Ei, 1 Eigelb,
1 Prise Salz

Ravioli-Teig

Für etwa 400 g:
250 g Mehl,
4 kleine Eier (150 g), 1 Prise Salz.

Zubereitung

1 Das Mehl, eine Prise Salz und ein Ei in die Knetschüssel geben. Die Knethaken langsam drehen lassen.

2 Wenn das erste Ei vermischt ist, das zweite hinzufügen, dann das dritte. Zunächst langsam arbeiten, dann schneller, bis sich der Teig von selbst zu einer festen, aber elastischen Kugel formt, die nicht klebt.

3 Die Teigkugel in Klarsichtfolie einwickeln und 2 Stunden in den Kühlschrank legen.

Wiener Teig

Für etwa 650 g:
250 g Mehl, 125 Butter,
125 g Zucker,
125 g rohe geraspelte Mandeln,
1 sehr großes Ei,
1/2 TL Zimt,
1/1 TL geriebene Zitronenschale,
1 kleine Prise Salz.

Zubereitung

1 Die Butter mit dem Zucker zu einer Creme verarbeiten.

2 Das Ei hinzufügen und mischen.

3 Dann das gesiebte Mehl, die Mandeln, den Zimt und die Schalen hinzufügen und wie bei einem Mürbeteig vorsichtig untermischen.

4 Den Teig vor Gebrauch in Klarsichtfolie gewickelt 3 Stunden kühl stellen.

Dieser Teig kann 8 Tage im Kühlschrank aufbewahrt werden. In Gefrierbeutel verpackte Teigklumpen können 3 Monate im Gefrierschrank aufbewahrt werden. Sie 24 Stunden vor Gebrauch in den Kühlschrank transportieren.

Pralin

Für 700 g:
400 g Würfelzucker,
150 g ungeschälte, ganze Mandeln,
150 g ungeschälte, ganze Haselnüsse,
Weintraubenkernöl für das Blech.

Zubereitung

1 Ein Kuchenblech mit einem Durchmesser von 24 cm ölen.

2 Den Zucker auf kleiner Flamme in einem Topf schmelzen lassen, nicht umrühren bevor er zu schmelzen beginnt.

3 Wenn der Zucker verflüssigt und schön gelb ist, so viele Mandeln und Haselnüsse einrühren wie er aufnehmen kann. Schnell arbeiten.

4 In das Kuchenblech gießen und hart werden lassen.

Verwendung

Ein oder mehrere Teile abbrechen und mit dem Messer zerhacken, bevor Sie sie für Ihr jeweiliges Rezept verwenden.

Das Pralin in einer luftdichten, vor Licht und Feuchte geschützten Dose aufbewahren. Man kann es ebenfalls bei einem Konditor kaufen.

Safran-Rouille

Zubereitung

1 Die Kartoffel und Knoblauchzehe dämpfen und durch ein feines Sieb streichen.

2 Das Eigelb und den in etwas Fischfond aufgelösten Safran untermischen.

3 Mit den beiden Ölen wie eine Mayonnaise anrühren, wenn sie zu fest wird, mit etwas Fischfond verdünnen.

4 Salzen, pfeffern, mit einigen Tropfen Zitronensaft und etwas Cayenne abschmecken.

Für etwa 400 g:
50 g Kartoffeln,
1 kleine Knoblauchzehe, 1 Eigelb,
1 dl natives Olivenöl,
1,5 dl neutrales Öl,
0,75 dl Fischfond*,
einige Tropfen Zitronensaft,
Cayenne, Salz und Pfeffer aus der Mühle

* Siehe weiter oben im gleichen Kapitel.

Eingelegte Tomaten

Zubereitung

1 Den Backofen auf 80° (Th. 1) vorheizen.

2 Die Tomaten der Länge nach durchschneiden und entkernen. Mit der Hautseite nach unten auf ein Blech setzen.

3 Salzen, pfeffern, mit gerupftem Thymian und etwas feinem Zucker bestreuen. Olivenöl darüber gießen und für eine Stunde in den Backofen schieben.

4 Die halben Tomaten umdrehen und nochmals eine Stunde garen.

5 Das Blech aus dem Backofen nehmen, die Tomaten abkühlen lassen, die Haut abziehen und in ihrem Kochöl in einem luftdichten Behälter kühl stellen.

Für 200 g:
300 g lange Tomaten
(San Marziano),
2 Zweige Thymian, 1 Knoblauchzehe,
2 bis 3 EL Olivenöl,
feiner Zucker,
Salz und Pfeffer aus der Mühle.

Inhaltsverzeichnis

Kalte Vorspeisen

Warme Vorspeisen

Fische

Schaltiere und Muscheln

Geflügel, Kaninchen und Federwild

Fleisch und Wild

Innereien

Kalte Nachspeisen

Warme Nachspeisen

Grundrezepte

fg
PLACE
FREDY GIRARDET
CUISINIER ET BOURGEOIS D'HONNEUR
28-AOÛT-1998

Frédy Girardet
dankt für ihre freundschaftliche Unterstützung:

Gérard Cavuscens,
ancien chef de sa brigade de cuisine à Crissier
und
Adolf Blokbergen,
chef et directeur de l'Auberge du Raisin à Cully

Imprimé sur les presses de l'imprimerie SRO-KUNDIG SA - Genève